Pedagogia
FREINET

I32p   Imbernón, Francisco
          Pedagogia Freinet : a atualidade das invariantes pedagógicas
        / Francisco Imbernón ; tradução: Alexandre Salvaterra ; revisão
        técnica: Maria Clara Bueno Fischer. – Porto Alegre : Penso,
        2012.
          128 p. : il. ; 23 cm.

          ISBN 978-85-63899-98-9

          1. Educação. 2. Fundamentos da educação. 3. Pedagogia –
        Freinet. I. Título.

                                                              CDU 37.01

        Catalogação na publicação: Ana Paula M. Magnus – CRB 10/2052

FRANCISCO IMBERNÓN

Pedagogia
FREINET

A atualidade das
invariantes pedagógicas

Tradução:

Alexandre Salvaterra

Consultoria, supervisão e revisão técnica desta obra:

Maria Clara Bueno Fischer
Doutora em Educação pela University of Nottingham, Inglaterra.
Professora do Departamento de Estudos Especializados na
Universidade Federal do Rio Grande do Sul (UFRGS).

2012

Obra originalmente publicada sob o título
Las invariantes pedagógicas y la pedagogía Freinet cincuenta años después
ISBN 9788478279883

© 2010, Editorial Graó de IRIF, SL.
Todos os direitos reservados.

Capa: *Márcio Monticelli*

Leitura final: *Amanda Guizzo Zampieri e Jonas Stocker*

Editora responsável por esta obra: *Lívia Allgayer Freitag*

Coordenadora editorial: *Mônica Ballejo Canto*

Gerente editorial: *Letícia Bispo de Lima*

Editoração eletrônica: *Formato Artes Gráficas*

Invariante é algo que não muda de valor ao sofrer determinadas transformações.

(Dicionário da Real Academia de Língua Espanhola)

Sobre o autor

Francisco Imbernón é professor de Didática e Organização da Educação na Universidade de Barcelona. Doutor em Filosofia e Ciências da Educação, sempre se preocupou com a teoria e a prática da educação e com a formação em diferentes âmbitos e níveis. Entre suas importantes obras traduzidas para o português estão *Formação continuada de professores* (Artmed, 2010) e *A educação no século XXI: os desafios do futuro imediato* (Artmed, 2000).

Sumário

Introdução

Nos momentos mais penosos de minha vida – e nossa geração parece ter nascido sob o signo dos grandes transtornos individuais e sociais –, quando o horizonte estiver coberto pelas sucessivas catástrofes, não vou buscar a serenidade e a esperança íntima nos filósofos cuja leitura outrora me impus.[1]

(Freinet, 1974)

Há muito queria escrever sobre Freinet e sua obra colossal. Fazer-lhe uma homenagem pessoal pela dívida que desde jovem tenho com ele. Há tempo, Célestin Freinet permitiu que eu descobrisse uma nova forma de ver a escola e a educação infantil. Ao longo de minha trajetória educacional escrevi sobre ele alguns artigos, determinados capítulos de livros, mas sem poder refletir a fundo (e com tranquilidade e tempo) sobre sua pedagogia. Naturalmente, quando me tornei professor, analisei as propostas pedagógicas de Freinet na minha prática educativa, e escrevi sobre ele. Porém, a limitação de espaço e o tema específico dos artigos me impediram de escrever livremente sobre determinados aspectos ou aprofundar tudo aquilo que achava necessário sobre o que mais havia me impactado. Não escrevia sobre o que queria escrever. Assim, me propus a conversar com Freinet e pensar nele, por meio da escrita, a falar sobre sua forma de ver a educação e a escola, comparando com o que eu havia aprendido ao longo dos anos e levando em conta as mudanças que aconteceram desde sua morte. No fim das contas, não fiz estritamente isso. No início queremos fazer algo, mas ao longo do percurso, à medida que escrevemos e refletimos, o rumo vai sendo modificado. Surgiu então uma mescla dos seguintes componentes: sua biografia e obra e, sobretudo, a análise atual das invariantes pedagógicas, considerada neste texto como sua principal e mais atual obra.

Era muito jovem quando li seus textos. Comprei as primeiras obras quando era estudante (época na qual, no magistério, ninguém falava de Freinet). Também era jovem quando, já professor, comecei a praticar suas técnicas em uma escola de um bairro popular abarrotada de crianças. Mais tarde, aprofundei tais técnicas para o ensino de futuros professores, indo à sala de aula com materiais para que praticassem e os tocassem e criando avidamente uma biblioteca com todos seus textos, traduzidos ou não. Sempre senti uma grande afeição pela pedagogia de Freinet, que ao longo dos anos se converteu em uma dívida. Dívida que ainda hoje tento pagar demonstrando, por meio de uma análise muito pessoal, que, apesar das críticas, sua pedagogia foi uma das mais importantes do século XX.

Sempre pensei que seu livro mais importante fosse *Las invariantes pedagógicas.*[2] O livro resumia em poucas páginas toda uma forma de ver a escola e a educação infantil, a qual continua válida quase em sua totalidade caso se tenha uma mente predisposta a adaptar o que se lê ao momento atual. Para escrever este livro utilizei a primeira edição espanhola de seu texto, a qual comprei quando era um jovem estudante de magistério (ainda se marcava o preço a lápis, 60 pesetas). Costumo colocar nos livros a data de leitura, mas nas invariantes não o fiz provavelmente porque, naquele momento, o tempo não era tão importante para mim. Deve ter sido perto da data da primeira edição em espanhol (1972). É claro que esse não era um texto recomendado nas aulas de magistério; tratava-se, na verdade, de um daqueles textos de "corredor" que se sabia graças à propaganda "boca a boca" e que marcou muitos estudantes na sua forma de pensar a educação e a prática educativa.[3] Freinet, nessa época, não existia nos planos de formação universitária, mas existia nas escolas. Foi assim que fui enchendo minha estante de jovem estudante com a coleção "Biblioteca de la Escuela Moderna" e com mais livros de Freinet e sobre ele. Essa coleção, editada pela antiga editora Laia,[4] de Barcelona, com suas cores azul (em espanhol) e vermelho (em catalão), continua tendo um lugar destacado na minha biblioteca pessoal.

Busquei com este livro recuperar minha memória particular, compartilhá-la com o leitor e conversar com Freinet sobre as invariantes. No início e no final do livro descrevo e analiso sua trajetória, mas o mais importante para mim foi a releitura das invariantes e o reencontro com Freinet sob a ótica do século XXI, dos acontecimentos atuais; pensá-lo e comentar suas teorias e ver que, sob muitos aspectos, Freinet era um vanguardista em relação a seu tempo. Às vezes, inclusive, foi um iluminado ou um visionário. Sua pedagogia, também influenciada por outras obras pedagógicas da época – e acusada, certas ocasiões, de pouco "científica", infantil, camponesa e rústica – constitui, na minha opinião, uma pedagogia forte, orientadora, futurista e capaz de suscitar a reflexão e desenvolver práticas sobre muitas questões pedagógicas revolucionárias naquela época. Não podemos negar que Freinet foi um vanguardista na sua época, e uma prova disso é que sua pedagogia perdura. Claro que não como antes, uma vez que hoje a escola é uma intersecção e uma amálgama de técnicas pedagógicas diversas, mas em todas elas consta algo de Célestin Freinet. Na "cozinha" pedagógica atual sempre há algum "ingrediente" da pedagogia Freinet.

O texto que apresento é minha pequena e particular homenagem. Se este texto servir para que os que se dedicam à educação pensem, reflitam e recuperem uma forma inovadora e criativa de ver a escola, para mim será suficiente. Muitas das contribuições da obra de Freinet são adotadas com total normalidade na cultura pedagógica atual. Mas é importante lembrar que elas foram criadas por professores sujeitos à incompreensão, prisão, humilhação, e em certos casos até à morte.[5] Freinet foi um dos que mais sofreu com essa incompreensão das pessoas que o rodeavam. Seu caráter e sua obra o levaram a isso.

Este livro contém quatro partes. Na primeira, faço uma abordagem teórica das ideias e técnicas pedagógicas de Célestin Freinet. Na segunda, analiso individualmente as 30 invariantes pedagógicas, finalizando cada invariante com uma adaptação pessoal dos testes que, como se fossem um semáforo com suas três luzes avaliadoras, Freinet incluía ao final de cada invariante, com o objetivo de que cada professor faça uma autoavaliação de sua prática educativa. Na terceira parte, selecionei um conjunto de textos publicados em que as invariantes pedagógicas são abordadas. Na quarta e última parte, reflito sobre Célestin Freinet e a vigência de sua pedagogia quase 100 anos depois (foi em 1920 que Freinet iniciou seu trabalho como professor). Espero ter conseguido o que pretendia, que não é lembrar de forma nostálgica a pedagogia Freinet, mas aproveitar seu vigor e força, e – por que não? – sua grande atualidade.

NOTAS

1 Freinet faz referência ao ano 1939, quando ficou preso no campo de concentração de Vichy, na França.

2 Texto original publicado em francês em 1964 pela Coopérative de l'Enseignement Laïc de Cannes nas Éditions de l'École Moderne; em espanhol publicado em junho de 1972 pela editora Laia, de Barcelona (já extinta). Hoje em dia as invariantes estão publicadas em um livro que reúne diversos textos: *La escuela moderna francesa* (1946), *Una pedagogía moderna de sentido común. Los dichos de Mateo* (1946–1954). *Las invariantes pedagógicas* (1964), edição em francês de Madeleine Freinet, a única filha de Célestin e Élise Freinet. Este mesmo livro foi editado em espanhol pela Ediciones Morata, de Madrid, em 1996, com prólogo de Hermino Barreiro e tradução da Equipo Táramo. Há também uma edição do Laboratório Educativo de Caracas, no ano de 2000, com o título *Las invariantes pedagógicas. Modernizar la escuela.*

3 Outros textos de corredor eram os de Reimer, Neill, Ferrière, Cousinet, Illich, Oury, Lapassade, Goodman, Vogt, Mendel e muitos outros.

4 Editorial Laia, empresa editorial fundada em Barcelona em 1972 como sucessora da Editorial Estrella, fechada pela ditadura franquista. Esta foi uma das editoras mais destacadas da resistência antifranquista. Extinguiu-se em 1969.

5 Não queremos lhes dar somente voz, mas também rosto. Muitas vezes estudamos os autores, mas não vemos como são. Hoje em dia os bancos de dados da internet nos permitem fazer isso, portanto introduzimos as imagens nos textos como uma agradecimento pela sua contribuição pedagógica.

PRIMEIRA PARTE

A pedagogia de Célestin Freinet

1 Freinet, um professor da Escola Nova[1]

Em matéria de educação, de nada serve decretar e regulamentar a ação pedagógica se aqueles que têm a missão de cumpri-la não estão associados à sua concepção e realização de forma cooperativa.

(Freinet, 1964)

Célestin Freinet

Escrever sobre Célestin Freinet é falar sobre a escola e a educação a partir da criança, levar em conta todas suas potencialidades e sua evolução natural e tentar educá-la para a vida. Significa falar, sobretudo, daquilo que acontece dentro de uma instituição educativa em cujas aulas os professores e alunos elaboram atividades para tentar entender, interpretar e modificar o mundo que os rodeia.

Freinet foi, até pouco tempo, um autor extremamente ignorado nos tratados sobre pedagogia nas salas de aula universitárias e de formação de professores em muitos países onde se suponha residirem os fundamentos teóricos da educação. Essa impossibilidade de ocultar a grande contribuição de Freinet para a pedagogia se devia à sua proposta ideológica de criar uma escola para o povo; Vásquez e Oury

(1968, p. 167) consideraram-na "irritante para o teórico". Os esforços desses *setores irritados* em insultar um pedagogo pouco interessado em formular teorias grandiloquentes acabaram fracassando historicamente. A pedagogia de Freinet se difundiu em todo o mundo e é considerada uma das principais contribuições para a educação do último século. Contribuíram para a falta de prestígio profissional, por parte dos *teóricos*, sua ideologia e militância comunista (bem como suas dificuldades perante o partido daquela época), e sua ideia de que a renovação da escola não deve ser realizada de cima, mas deve iniciar com os professores em suas atividades diárias. Tudo isso amaldiçoou Freinet perante muitos transmissores pedagógicos, mas também o exaltou e revitalizou perante outros que buscavam novas alternativas para transformar a escola e a educação: a maior parte professores que praticavam e viviam as ideias de Freinet. A história deu razão a esses professores, e hoje Freinet faz parte indiscutível da história da educação como um dos professores-pedagogos, dos poucos professores de escola que provocaram uma mudança na educação do século XX. Muitas de suas contribuições continuam, sem dúvida, vigentes no século XXI.

Não pretendo confundir o leitor e levá-lo a cometer o erro de crer que Freinet não possuía uma base teórica, que a prática de Freinet, ou o movimento da Escola Moderna, não teria uma fundamentação teórica, afinal ela existe e é similar aos princípios da Escola Nova. Mas ela vai muito além em diversos aspectos, já que tanto Freinet como seu movimento, passado ou atual, se caracterizaram em defender e trabalhar especialmente para a prática educativa. O próprio Freinet não queria que "sua pedagogia" fosse tratada como um método, um corpo de conhecimentos fixo, estanque, rígido e exato. Ele sempre defendeu que seu movimento realizava técnicas educativas. Poderíamos dizer que Freinet estimulou uma prática teórica no método de ensino da escola. É com base na própria prática educativa que se legitima ou se questiona o conhecimento mais válido para essa prática, uma prática que busca um conhecimento teórico que a legitime. Essa inversão do processo lhe custou muitas críticas, mas, se voltarmos nossos olhos para trás, não poderemos deixar de reconhecer que foi exatamente essa mudança de perspectiva em seu trabalho a sua contribuição, teórica e prática, para a educação atual e do futuro.

ANTECEDENTES E INFLUÊNCIAS NA PEDAGOGIA FREINET

Freinet foi um produto de sua época, um pedagogo influenciado e imerso nos acontecimentos históricos da primeira metade do século XX. Ele assume, como a maioria dos pedagogos da Escola Nova, uma visão otimista e cheia de vida a respeito da educação e da vida. No caso de Freinet, essas características se destacam, especialmente, no seu discurso pedagógico, carregado de bucolismo, metáforas, aspectos naturalistas e condenação à vida urbana, a qual considerava pouco saudável para a educação das crianças. Tudo isso dentro da polêmica entre educação e sociedade que impregna toda sua pedagogia.

Ovide Decroly   Maria Montessori   W. H. Kilpatrick   A. S. Makarenko   Adolphe Ferrière

A contribuição de Freinet é posterior às propostas de outros autores destacados da chamada *Escola Nova* ou *Ativa*, cujas teorias e práticas educativas foram parte fundamental de sua formação. Dois desses autores se destacam especialmente por terem influenciado Célestin Freinet: A. Ferrière[2] (Élise Freinet mais tarde diria que sua leitura foi uma revelação) e O. Decroly.[3] Com Ferrière, Freinet descobre certos princípios pedagógicos que lhe causam impacto e serão base de sua pedagogia. Decroly lhe influenciou nos aspectos metodológicos do ensino, os quais ele adapta à sua prática educativa (Freinet fala de "complexos de interesse" e não de "centros de interesse", como Decroly). Freinet reconhecerá que a obra *La escuela activa*, de Ferrière, despertou sua paixão pelo ofício de ensinar. Com respeito a Decroly, podemos afirmar que Freinet foi um de seus maiores discípulos, já que ele não só adaptou seu conceito de "centros de interesse" e seus princípios da globalização e liberdade infantil, mas foi além da proposta "decrolyana" insistindo na espontaneidade necessária dos "centros de interesse" e na possibilidade de utilizá-los para o aprendizado da leitura e escrita das crianças mais jovens. Freinet também se afastou de Decroly no conceito de *conhecimento do meio*, já que pretendia que as crianças não somente o conhecessem, mas também incidissem sobre ele a fim de transformá-lo.

Élise, esposa de Freinet, escreveu:

Os movimentos de renovação pedagógica nunca partiram dos professores e dos trabalhadores das escolas populares. Montessory e Decroly eram médicos, os teóricos de Genebra eram psicólogos e pensadores, Dewey era filósofo; todos eles lançaram ao vento a semente para uma educação liberal, mas não trabalharam a terra na qual ela deveria germinar, nem se preocupavam pessoalmente em acompanhar e dirigir o nascimento das novas plantas; deixavam, por força, essa ocupação aos técnicos de base, os quais, por falta de organização, instrumentos e técnicas não conseguiam transformar seus sonhos em realidade. É isso o que explica o fato de que os melhores métodos não tenham comovido de forma profunda as escolas e que persistisse um desequilíbrio entre as ideias generosas de alguns e a importância técnica de outros. Se os grandes pedagogos foram, em geral, apaixonados revolucionários preocupados, sobretudo, com o desenvolvimento social e humano da criança, mas alheios às contingências da prática pedagógica, o mesmo não ocorreu com aqueles que interpretaram suas doutrinas a fim de que servissem à ordem social vigente. O controle estatal sobre os educadores assalariados é estrito, e qualquer fidelidade ao espírito e exemplo dos grandes pedagogos é tolhida, apelando ao sentido da realidade, ou mesmo a outros argumentos mais drásticos. Dessa forma, as ideias dos grandes renovadores foram esterilizadas ou assimiladas pela escolástica e pelas suas abordagens como um ideal inalcançável, por mais que se mostrasse lógico e necessário. (Freinet, 1975)

Quando Freinet se conscientizou de que a escola não responderia às suas concepções sobre o que é educar crianças, se converteu em um ávido leitor de todos os autores que naquele momento faziam uma crítica à escola denominada tradicional e defendiam uma escola nova: ativa, nova, progressista, do trabalho, etc. Freinet leria as experiências do Plano Dalton, a metodologia de projetos de Kilpatrick[4] e todos os autores da Escola Nova.

Nacimiento de una pedagogía popular, 1975

Em sua viagem à Rússia, Freinet viria a descobrir a pedagogia de Makarenko[5] e assumiria por meio desse pedagogo russo a noção de trabalho que o acompanharia com vigor ao longo de sua trajetória pedagógica. Sua militância no Partido Comunista francês também viria a ser um elemento importante em sua vida e pedagogia, embora tenha experimentado a amargura de ser expulso em um período de confusão e radicalismo político.

Ao longo de sua vida, Freinet continuaria lendo e contribuindo com novas ideias e técnicas adequadas ao momento (técnicas audiovisuais, por exemplo, incipientes nessa época na escola). Seu espírito inquieto deu ao seu movimento um caráter de permanente atualidade e análise constante da realidade educativa, adequando as técnicas às novas mudanças sociais e educativas; ainda que seu excesso de protagonismo (juntamente com Élise Freinet, sua esposa) tenha feito com que ele não levasse em conta – em determinado momento de sua trajetória pedagógica, no final da turbulenta década de 1960 – algumas contribuições dentro de seu próprio movimento, e com que deixasse de citar certas propostas de mudança e introduzir novas ideias.

CÉLESTIN FREINET E A ESCOLA MODERNA: UMA BREVE BIOGRAFIA

Freinet foi um professor do povo, daí sua grande contribuição: a expressão *pedagogia popular.*

Célestin Freinet nasceu em Gars, um minúsculo vilarejo dos Alpes franceses, em 15 de outubro de 1896. Sua família era camponesa e não desfrutava de grandes comodidades. Como todo filho de camponês, Freinet, desde muito jovem, combinava seus trabalhos escolares com sua colaboração nas tarefas do campo. Isso provavelmente marcou sua vida posterior e, sobretudo, sua linguagem e proposta pedagógica.

Em 1913, já adolescente, ingressou na Escola Normal de Magistério de Nice. Justamente ao finalizar seus estudos e obter o título de professor elementar, Freinet é incorporado às tropas da Primeira Guerra Mundial (1915). Na guerra (1916) é ferido com gravidade em um pulmão na batalha de Verdún (o que lhe custaria quatro anos de hospital e repouso e lhe daria a possibilidade de se tornar um inválido de guerra). Essa ferida de guerra o condicionaria fisicamente e também em suas atividades pedagógicas, já que o obrigaria a buscar alternativas devido à pouca intensidade de sua

Freinet como soldado, em 1915

voz. Em primeiro de janeiro de 1920 seria incorporado como professor adjunto na escola de Bar-sur-Loup, um vilarejo dos Alpes marítimos franceses. Ali passou por uma experiência educativa decepcionante e deplorável, em uma escola tradicional que não o satisfez, onde os alunos se entediavam com a rotina escolar. Mais tarde, em relação a tal etapa, Freinet (1944) escreveria:

> O sistema de autoridade na educação é hoje radicalmente condenado por todos os educadores dignos desse nome. Não estou muito longe de pensar que, socialmente, valeria mais, talvez, que não houvesse escola, do que uma escola que deforma os espíritos os tornando escravos, que ensina por meio de dogmas para impedir a reflexão, que reprime, desvia e aniquila de uma vez por todas a contribuição pessoal. Somos, sem dúvida e definitivamente, contrários a toda aquisição imposta pela vontade do adulto, pelos programas ou inspetores; contra todo o ensino imposto aos indivíduos sem razão interior, funcional.

As sequelas da ferida de guerra e a insatisfação com sua preparação profissional levaram Freinet ao desejo de transformar essa escola e ler para sair dela (e para se preparar para o exame de inspetor do ensino fundamental). Freinet abordará textos pedagógicos de Rousseau[6], Pestalozzi[7], Ferrière, Decroly, Montessori[8], Claparède[9], Bovet[10], etc., e também de Rabelais, a pedagogia libertadora de Hamburgo, Marx e Lenin, nos quais é difícil encontrar uma contribuição prática. A leitura, embora desordenada e utilitarista, com a finalidade de ser aprovado em um concurso público, gera em Freinet as inquietações de seu futuro pensamento pedagógico e sua nova prática escolar, buscando abordar a atividade escolar na vida das crianças. Iniciará, então, a prática (hoje diríamos reflexão e pesquisa em sala de aula) de novas técnicas didáticas.

Em outubro de 1922, ao se graduar em letras, Freinet é nomeado inspetor e professor de letras da Escola Superior de Bringoles. O trabalho não o satisfaz e ele retorna à sua antiga escola de ensino fundamental. Esse é um período de leituras e participação em congressos e jornadas sobre a educação ativa – sobretudo o II Congresso da Liga Internacional para a Nova Educação, celebrado em 1923 em Montreaux, onde escuta Ferrière, Claparède e Bovet.

Mais tarde, em 1925, Freinet se mudará para a Rússia (lá conhece de perto Krupskaia[11], esposa de Lenin e ministra da educação, e a pedagogia dos "complexos de interesse", que adaptará depois se afastando formalmente da expressão "centros de interesse" utilizada por Decroly). Nessa época, Freinet chega à conclusão de que a aplicação de uma nova educação somente seria possível se na escola existisse a possibilidade de contar com um material didático que promovesse a atividade dos alunos. Isso o orientará, definitivamente, a buscar esse material e pensar como promover com ele uma nova educação nas escolas rurais, em condições então muito precárias.

Em 1926 ocorrem dois fatos que marcarão o resto da vida de Freinet. Um é a criação do primeiro grupo de professores impressores, os quais pretendem adquirir e estender a técnica de imprensa na escola. Esse primeiro grupo constitui o núcleo da futura Cooperativa de Ensino Laica (CEL), ainda existente (fundada em 27 de outubro de 1927 com 30 sócios). O outro acontecimento é seu casamento com Élise, uma professora que foi sua melhor assistente e colaboradora, durante sua vida e mesmo após sua morte.

Freinet e sua esposa Élise (quando solteira, Élise Lagier, professora e cofundadora, com Freinet, do Instituto Cooperativo da Escola Moderna)

A partir de 1926[12] Freinet começa a publicar, em inúmeras publicações e revistas, tudo o que hoje conhecemos como as *técnicas Freinet*: o texto e desenho livre, o fichário escolar, os fichários autocorretivos, a correspondência interescolar, o cálculo vivo, o livro da vida, a biblioteca do trabalho, os complexos de interesse, etc. Participa na criação de cooperativas camponesas, organiza congressos, viaja e é militante ativo no Partido Comunista francês e na Frente Popular. Ao ser destituído da escola rural onde trabalhava (nomeado em 1928 e destituído por problemas políticos em 1933), funda a escola de Vence (1935), escola privada que terá como paradoxo o argumento de que é a única solução para o desenvolvimento dos "filhos pobres do povo". Essa é a etapa de eclosão da Cooperativa de Ensino Laica (CEL) e da personalidade e do trabalho de Freinet pelo mundo – é nesse momento que sua metodologia chega à Espanha, por meio da Cooperativa Espanhola da Imprensa na Escola.

No início da Segunda Guerra Mundial, em 1939, a CEL é dissolvida e Freinet é detido e internado nos campos de concentração de Saint Maximin e Saint Sulpice-du-Tarn. Nessa época, ele escreverá suas principais ideias teóricas sobre a educação (e temos de reconhecer que os tratados teóricos não são seu forte). Liberado em 1941, fará parte da resistência francesa de Béassac e a dirigirá até o final da guerra. Sua internação permitiu que pudesse ler novas obras e escrever os poucos ensaios teóricos que possuímos. Élise Freinet (1975) diria:

> Nos campos de concentração de Vichy, apesar das tantas limitações impostas aos homens de espírito livre, Freinet teve tempo e ocasião de repensar profundamente sua obra pedagógica.

Foi nos campos de concentração que Freinet escreveu os textos *La educación del trabajo* e *Ensayo de psicología sensible*.

Do final da Segunda Guerra Mundial até a sua morte, ocorrida em 8 de outubro de 1966 em Vence, sua vida se vê influenciada por importantes eventos políticos (sua expulsão do Partido Comunista) e pedagógicos (volta a fundar a escola de Vence em 1947 e reorganiza o movimento). Mas o importante é que as técnicas de Freinet vão sendo estendidas por todo o mundo, em forma de cooperativas de professores, com uma visão democrática e vanguardista para uma nova educação. No momento de sua morte, Freinet deixa um movimento de pedagogia difundido por todo o mundo e um legado imprescindível na escola atual.

AS IDEIAS DE CÉLESTIN FREINET: DA ESCOLA ATIVA À ESCOLA MODERNA E COOPERATIVA

Freinet, ao longo de sua grande e prolífica obra, vai nos mostrando suas ideias sobre a educação, a infância e a escola. Seu pensamento é similar ao dos seus contemporâneos, e influenciado, sobretudo, por Ferrière e sua recente alternativa: a Escola Ativa, mesmo que ao longo de sua vida, de modo constante, tenha desejado se diferenciar dela, motivo pelo qual seu movimento foi chamado *Escola Moderna*. Contudo, poucas são as diferenças de programação. Uma das diferenças destacadas pelo próprio Freinet foi que seu movimento é desenvolvido mantendo estreita relação com a sociedade na qual os alunos vivem, e que é muito mais do que uma simples teorização pedagógica sobre inovações escolares. De fato, ainda partindo dos princípios da Escola Ativa e Nova, as ideias de Freinet reúnem uma amálgama de tendências (ideias de Rousseau, Escola Ativa do Instituto Jean-Jacques Rousseau de Genebra, pedagogia soviética, pedagogia libertadora[13], entre outras), a qual nos revela um Freinet ávido leitor de tudo o que caía em suas mãos, em forma de texto pedagógico inovador e, evidentemente, também um Freinet que tem muito presente a experiência de vida como um menino camponês e professor de uma escola rural (o que marcará seu estilo literário pedagógico, impregnado de metáforas bucólicas). Tudo isso faz com que sua pedagogia, sua grande contribuição didática, sejam elaborações práticas com pequenas indagações teóricas que se aproximam, sobretudo, do pensamento prático dos professores e de sua atividade diária em sala de aula. Esse é o motivo pelo qual a teoria elaborada por Freinet não é a sua contribuição mais importante para a pedagogia, ainda que uma leitura atenta permita detectar contribuições interessantes, premonitórias e avançadas, como a elaboração de uma *teoria prática didática* que posteriormente será desenvolvida como algo comum na pedagogia do final do século XX. Ainda assim, embora possamos afirmar que existe uma teoria didática na pedagogia Freinet, suas grandes contri-

Freinet, um professor na Escola Nova

buições são a proposta de mudança metodológica nas escolas e nas salas de aula, e o compromisso do professor com o ambiente social.

Em 1968, a carta da Escola Moderna foi escrita (Freinet faleceu em 1966). A carta constitui o texto-base de todos os movimentos que aderiram à pedagogia de Freinet e que trabalham, também na atualidade, para a construção de uma escola nova. Seus princípios são:

1. A educação é o desenvolvimento total da pessoa e não uma acumulação de conhecimentos, um adestramento ou uma servidão.
2. Opomo-nos a toda doutrinação.
3. Negamos a ilusão de uma educação suficiente por si própria, uma educação asséptica, à margem das grandes correntes sociais e políticas que a condicionam.
4. A escola de amanhã será a escola do trabalho.
5. A escola deve ser centrada na criança. É a criança quem, com nossa ajuda, constrói sua personalidade.
6. A pesquisa (o tateamento) experimental é a base e a primeira condição do nosso esforço para a modernização e cooperação escolar.
7. Os educadores que seguem a pedagogia Freinet são responsáveis pela orientação e difusão das ideias cooperativas.
8. Nosso movimento da Escola Moderna está preocupado em manter relações de cortesia e colaboração com todas as organizações que trabalham no mesmo sentido.
9. Nos relacionamos com a Administração.
10. A pedagogia Freinet é, por essência, internacional.

Como podemos ver, todos esses princípios, alguns com matizes, continuam totalmente vigentes no século XXI.

Em 2008, a Federação Internacional de Movimentos da Escola Moderna (FIMEM) (*www.fimem-freinet.org*), reunida durante o 27º Reencontro Internacional de Educadores Freinet (RIDEF), apresentou uma reformulação da carta, adaptada à realidade em que vivemos:

1. Todas as pessoas têm direito a uma educação que considere os aspectos cognitivos, afetivos e sociais; educação que deve ser oferecida pelos Estados de maneira laica, gratuita e obrigatória, em condições de equidade e dignidade.
2. A educação, entendida como via de acesso para garantir o pleno desenvolvimento dos direitos humanos e das liberdades fundamentais, não é obtida por meio da acumulação de informações;

ela exige a construção de conhecimentos, saberes e competências para a vida.

Nossa tarefa docente e cidadã é elaborar e compartilhar cooperativamente técnicas, estratégias, ferramentas de trabalho e formas de organização escolar que possibilitem a mudança educativa. Para alcançá-la, nos apoiamos na obra de Célestin Freinet e outros pensadores da cooperação e construção de conhecimentos, bem como na teorização, na reflexão e no compromisso sobre nossa própria prática pedagógica.

3. Com base na pedagogia para a cooperação, temos como propósitos:
   • Atuar como coadjuvantes na formação de sujeitos autônomos conscientes, responsáveis e críticos.
   • Respeitar diversidades e diferenças.
   • Propiciar o desenvolvimento de pessoas capazes de escutar e reconhecer as outras, valorizando-as e favorecendo sua participação e integração nos diversos contextos sociais.
   • Abolir o racismo, a guerra, o sexismo e todas as outras formas de discriminação, exploração ou dominação.
   • Contribuir para o desenvolvimento do pensamento crítico e reflexivo, para a autonomia com responsabilidade social e a adoção de um papel cidadão ativo na tarefa de chegar a uma sociedade mais justa e equitativa.
   • Formar crianças e jovens felizes, capazes de viver de forma harmônica com os demais e de cuidar do planeta.

   Comprometemo-nos, como comunidade, em lutar por uma educação humanista, elemento insubstituível para uma revolução social necessária que ajude a formar pessoas plenas, íntegras e comprometidas com seu ambiente natural e social.

4. Opomo-nos a todo doutrinamento; não pretendemos definir o que serão as pessoas com as quais trabalhamos, nem formar com passividade e heteronomia. No movimento Freinet não há catecismo, dogma, religião ou sistema ao qual pedimos que alguém se submeta. Cada pessoa decide de forma autônoma suas crenças, respeita as dos outros e não os obriga a pensar sob sua perspectiva. Não aceitamos a atitude e a mentalidade imperialista e colonialista em qualquer de suas formas, sejam elas econômicas ou culturais; seja qual for sua procedência, lutamos para retirá-las das interpretações e práticas de nossas escolas, nossos movimentos e nosso povo.

Fomentamos, em todos os níveis, o intercâmbio permanente de ideias, experiências e pesquisas, nos apoiando nos recursos tecnológicos que hoje a informática permite; para isso, é necessário seguir criando espaços de interação na internet que permitam o enriquecimento do nosso trabalho e a difusão da pedagogia Freinet.

Uma intencionalidade de nossos movimentos é o internacionalismo; distinguimos de forma muito clara as diferenças entre esse e globalização. O internacionalismo respeita as práticas culturais diversas e é enriquecido por elas, enquanto a globalização trata de impor, com fins de dominação, maneiras de fazer e viver homogêneas às sociedades e aos grupos que são, na sua essência, diversos. O princípio fundamental da pedagogia Freinet é o respeito aos elementos de identidade de cada cultura e comunidade, sem deixar de lado a denúncia de práticas culturais não equitativas e discriminatórias. É necessário fazer uma pedagogia em um contexto que considere como prioritária a educação para a cidadania, a paz e o desenvolvimento humanitário de competências científicas e tecnológicas que assegurem o bem-estar das pessoas dentro da sociedade da informação e do conhecimento. Refutamos a ilusão de que a educação escolar é suficiente para alcançar nossas metas.

5. Lutamos por uma escola de trabalho criativo, autônomo, cooperativo, escolhido com consciência e responsabilidade perante a si mesmo e aos demais. O trabalho assim concebido, humanizado e não alienado, é o grande princípio, o próprio fundamento da educação popular; dele dependem o aprendizado e a possibilidade de se aproximar da construção dos saberes e da participação cidadã.

6. Trabalhamos por uma escola centrada nas pessoas, entendida como parte de um grupo e um ambiente que funcione como uma comunidade de aprendizado cooperativo.

   A pedagogia Freinet surge das aulas e não se trata da escola de amanhã, mas da escola de hoje. Nela, o conhecimento e a pesquisa, em um ambiente cooperativo, são base e condição primeira para uma modernização escolar integral.

   A pedagogia Freinet pondera a livre expressão; os métodos naturais, os projetos de trabalho cooperativo, a ação e interação do sujeito com o meio, a educação para a resolução não violenta de problemas. Hoje, ela tem a tarefa de contribuir e estender a alfabetização informática, tecnológica e científica, bem como estimular o desenvolvimento de novas competências ecológicas, comprometidas com a conservação do meio ambiente, bem como competências cidadãs, que promovam as sociedades à vida democrática e cooperativa, para enfrentar o século XXI.

Sob tal perspectiva, o desafio continua sendo atender não somente aos alunos, mas também aos docentes e à comunidade educativa em seu conjunto, recuperar a sensibilidade social no mundo da escola revalorizando a função docente mediante práticas e estratégias que contribuam para que se consigam melhorias sociais.

7. A pedagogia Freinet serve para todas as pessoas, sem exceção.

   Desde seu surgimento, a pedagogia Freinet tem sido um movimento renovador do ensino que nasceu na escola pública laica e obrigatória e se estendeu em forma de projetos autônomos da sociedade civil que compartilham seus propósitos laicos e democratizadores. Reconhecemos esses esforços independentes e autogeridos da sociedade civil para praticar a pedagogia Freinet, em sua essência comprometidos com a educação dos países nos quais se insere, e deixamos claro que nos opomos a qualquer iniciativa que pretenda privatizar a educação pública ou que se oponha à educação estatal gratuita, laica e obrigatória.

   Os Estados não devem e nem podem abandonar sua responsabilidade de aplicar os recursos necessários e suficientes para a educação de seus integrantes de qualquer idade ou condição social.

   Como via pra alcançar essas metas, e com a consciência clara de que as necessidades educativas da população não terminam nunca, compartilhamos a ideia de que os países são constituídos por entidades educativas que atendem tais demandas em períodos, idades e modalidades que vão além das convencionais.

8. Nós, integrantes do movimento FIMEM, estamos interessados em manter relações de cordialidade e colaboração com todas as pessoas e organizações que trabalham no mesmo sentido, com a intenção de ser úteis para a escola e promover a modernização do ensino, entendida como a construção permanente de uma pedagogia comprometida socialmente e de vanguarda em todos os sentidos.

9. Nos diversos espaços de interação docente, nacionais e internacionais, virtuais ou não, contribuímos com nossa experiência e aprendemos com as estratégias que outras correntes do pensamento pedagógico têm desenvolvido para contribuir para a modernização da educação. Como docentes, temos consciência de que nossa primeira responsabilidade se encontra na sala de aula,

mas nossa tarefa cidadã ultrapassa o âmbito da escola e se insere na ação social cotidiana, por isso é importante nos organizarmos em grupos regionais, nacionais e internacionais.

Nesse sentido, a FIMEM (*www.fimem-freinet.org*), por ser a Associação dos Movimentos Freinet de todo o mundo, tem a necessidade e responsabilidade de liderar o trabalho democrático e cooperativo de todos os seus membros a fim de alcançar as metas ditadas na presente carta.

Sob essa perspectiva, cada membro dos movimentos Freinet atuará conforme seus princípios ideológicos, filosóficos e políticos para que a educação se transforme no eixo construtor onde outro mundo, um mundo melhor para todos, seja possível.

A PRÁTICA EDUCATIVA: AS TÉCNICAS FREINET

Essa é a contribuição mais importante de Freinet. Sem essa contribuição, as escolas atuais se encontrariam órfãs de muitas de suas técnicas pedagógicas. Devemos reconhecer a dívida da escola atual com Freinet e com todos seus seguidores.

Freinet não queria ouvir falar do método Freinet, mas das técnicas Freinet como procedimentos e atividades "da pedagogia popular" que impregnavam a vida da escola e haviam sido construídas, experimentadas e evoluíram nas salas de aula das escolas. O autor fugia, ao não querer falar de método, de uma construção teórica ideal, de um estaticismo, um estereótipo rígido e ortodoxo da aplicação de suas técnicas (ainda que, para o bem da verdade, Freinet e parte de seu movimento foram bastante ortodoxos em relação à aplicação e ao reconhecimento de outras pessoas e movimentos) e reivindicava tais técnicas como algo dinâmico.

As técnicas Freinet tinham como pano de fundo um novo tipo de escola, de educação e de sociedade. Ninguém nega a grande contribuição de Freinet para a formação de cidadãos democráticos na escola. Ele sem-

Célestin Freinet em seu
escritório na Escola Saint Paul

pre argumentava que suas técnicas não deveriam ser utilizadas como instrumentos que servissem apenas para chamar por alguns instantes a atenção e o interesse das crianças, mas como verdadeiros instrumentos para uma nova escola e cidadania. Não podemos deixar de mencionar que as técnicas não são neutras e trazem consigo uma bagagem moral, ética e ideológica.

Não devemos perder de vista que, para o movimento Freinet, o importante são os princípios nos quais as técnicas se baseiam, e não a técnica em si. As técnicas devem desenvolver a criatividade e a ação das crianças que, por meio delas, devem opinar, discutir, manipular, trabalhar, pesquisar e criticar a realidade sob uma perspectiva de transformação social. As chaves da pedagogia Freinet que se encontram por trás das técnicas são as seguintes:

- O tateamento experimental.
- A educação do trabalho.
- A cooperação.
- A importância do ambiente escolar e social.
- A necessidade de criar materiais para otimizar essas ideias na prática educativa.

Poderíamos afirmar que em todas elas há uma transversal: a cooperação.

As técnicas Freinet têm variado com o tempo. Os professores que já as aplicaram e ainda aplicam, os que aplicam sem saber que foram criadas pelo pedagogo francês e os que as aplicam parcialmente ou de forma heterodoxa nos mostram como as técnicas possuem a capacidade de se adaptar às circunstâncias e ao tempo. São poucas as técnicas de Freinet que hoje não são aplicáveis. Essa é uma de suas grandes virtudes.

Escola Freinet atual

Principais técnicas Freinet

Realizaremos uma breve revisão das principais técnicas Freinet aplicadas nas escolas.

A prensa escolar e as técnicas de impressão

Talvez a prensa escolar seja a contribuição mais conhecida e inovadora de Célestin Freinet. Sua introdução na sala de aula permitiu a substituição dos materiais tradicionais da sala de aula por textos livres e vividos pelos próprios alunos. Ainda que a prensa tivesse sido utilizada anteriormente em experiências escolares, no século XIX, a originalidade de Freinet foi empregá-la para a expressão e a livre criatividade da criança.

Freinet, em busca de novos métodos para o aprendizado da leitura e escrita, deparou-se com a necessidade de introduzir novos instrumentos de trabalho que respondessem aos requisitos e às exigências propostos para a melhoria da ação educativa na escola.

Freinet iniciou, com as experiências de classe, passeios que criavam um clima de diálogo, de expressão escrita e oral livre (apesar das críticas e de certa incompreensão dos pais e inspetores da escola). Isso o levou a buscar o material adequado para reproduzir, mediante a escrita e o texto livre, a expressão do passeio, da vida cotidiana da criança, despertando assim seu interesse pela leitura e escrita. Com as crianças mais jovens, levava em conta, além disso, sua evolução sensorial e motora mediante a manipulação das letras. Com base em tais experiências surgiu a prensa (assim como todas as técnicas de impressão que a acompanharam posteriormente).[14]

A prensa escolar de Freinet é parecida com a utilizada por Gutemberg em seus primórdios, porém menor, para que pudesse imprimir um fólio. Ela consta fundamentalmente de uma prensa manual de provas, uma caixa de classificação para as letras ou tipos, alguns recipientes de metal com parafusos de cabeça para fixar os tipos e as guias de madeira a fim de fixá-los ou preencher os espaços (entrelinhas). Os materiais necessários, além da caixa de impressão, são tinta e rolo de borracha, um vidro para passar tinta no rolo, pincel para lavar os tipos e água ou solvente, conforme a tinta empregada.

Uma vez corrigido em grupo o texto que será impresso, ele passa para a equipe de impressão, que costuma ser formada por três crianças. Elas realizam a composição gráfica e a edição trabalhando em grupo.

A impressão escolar também pode ser feita com outras técnicas de impressão: conjunto de impressão, limógrafo[15] (que foi posteriormente denominado *vietnamita*) ou hectógrafo (gelatina ou cera com ingredientes básicos de cozinha). Pode-se ilustrar as páginas do texto por meio de diversas técnicas: linóleo, serigrafia, poliestireno, xilografia, monotipo, almofadas, pontilhado, colagem ou pulverizado, entre outras.

A prensa e as técnicas de impressão são, para Freinet, uma poderosa ferramenta de comunicação na escola. Elas favorecem a criatividade, a imaginação e a desmistificação do único livro ou texto que as crianças têm ou dos jornais. Elas otimizam a leitura crítica, a cooperação, o trabalho em equipe e a comunicação oral e escrita entre os professores e os alunos.

As técnicas de impressão otimizam não somente a atividade escolar, mas também a social, na qual as crianças reproduzem sua realidade. Ela torna possível a difusão dos resultados dos trabalhos em equipe, informa quais são as atividades escolares ou extracurriculares, os anúncios, as pesquisas das crianças, etc. Vásquez e Oury (1968, p. 167) afirmam o seguinte sobre a prensa:

> Técnica educativa privilegiada, manual e intelectual ao mesmo tempo, o jornal reúne as crianças em uma atividade escolar apaixonante: a prensa restabeleceu a unidade entre o pensamento e as atividades infantis.

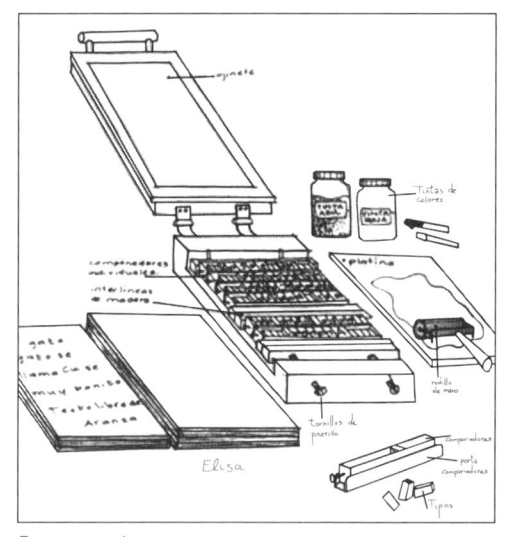

Prensa escolar

Menino trabalhando na prensa

O texto e desenho livres e o livro da vida: a metodologia natural

O texto e desenho livres são atividades que a criança realiza livremente, ou seja, escolhendo o tema que quiser. São realizados na escola ou fora dela, sempre que a criança tiver alguma coisa para explicar ou comunicar, e não são tarefas impostas. Freinet argumentava que o texto e desenho livres, além de permitir que as crianças se comuniquem com seus colegas e professores lhes transmitindo o que sentem, constroem uma ponte entre a escola e a vida. O texto livre, de acordo com as técnicas de Freinet, é o eixo do trabalho da escola.

Desenho livre

Na Escola Teceltican de Xochimilco (México)[16], seguidora das técnicas Freinet, nos dizem o seguinte:

> Em nossa escola, temos como objetivo fazer com que as crianças se apropriem da linguagem escrita. Para isso, redigem diferentes tipos de texto ao longo de sua escolaridade. Desde pequenas, as convidamos para escrever anedotas, pequenos contos, textos relacionados a festividades, adivinhações, etc. A frequência desse exercício depende do grau, do grupo e dos temas abordados. As crianças escrevem com liberdade e, mais tarde, leem para seus companheiros o que escreveram. Um dos textos é eleito para que seja corrigido entre todos. Esse exercício é feito com muito respeito; o objetivo é aprender o uso correto do idioma e, de forma alguma, incomodar o aluno que escreveu o texto. A correção inclui a ortografia e a sintaxe e procura deixar o texto interessante e coerente. Os textos corrigidos são publicados nos livretos da sala de aula e acabam sendo objetos que trazem lembranças.

As composições dos alunos se prestam à correção coletiva. São escritas no quadro, lidas e copiadas depois da correção coletiva.

Isso permite exercícios de vocabulário, construção de frases, gramática, etc., sem alterar o pensamento ou a ideia do texto. São escolhidos textos que serão levados à imprensa e ao jornal escolar.

Freinet destacava a importância de que haja uma boa motivação entre as crianças a fim de que escrevam ou desenhem. Para obter um tex-

Aula Freinet em 1964

to livre muito rico não basta dar liberdade, também é necessário que os alunos se encontrem imersos em um meio estimulante e motivador, como aquele oferecido pela imprensa ou correspondência interescolar.

O texto e desenho livres são empregados para o aprendizado da leitura e escrita, para experimentar a natureza social da linguagem e da democracia ao ter de julgar e selecionar textos livres que serão impressos e publicados. É um método natural que não tem exercícios metódicos, modelos impostos e correções gráficas. A criança, de sua própria maneira, mediante o tateamento experimental, adquire a leitura e a escrita por meio do estudo global dos textos da turma. Freinet, em suas diversas obras, explica amplamente o recorrido do método natural mediante a prensa, o desenho e texto livres, a correspondência, etc.

O método natural parte, segundo Freinet (1968), de uma profunda motivação afetiva:

> Se a escola não respeita as necessidades de criação das crianças nem as exigências do meio vivido por elas, a pedagogia se torna a arte de fazer aprender, trabalhar e beber para quem não tem sede. Não se espante se as crianças não se interessam pelas explicações dos professores e pela sua maneira de dar aula, que datam da pré-história. Quando esses alunos terminarem os estudos, discutirão problemas desconhecidos dos professores, e a vida moderna os inserirá em um mundo que nada tem a ver com a escola que os professores insistem em dar continuidade. As crianças de hoje não reagem como as de ontem; o trabalho escolar não lhes interessa, pois é anacrônico e nada tem a ver com a vida. Portanto, elas – inconscientemente – dedicam à escola somente um pouco de interesse e vida, e reservam o resto para o que consideram cultura verdadeira e alegria de viver.

Todos os textos, impressos ou não, passam a fazer parte do livro da vida ou do diário escolar, criando uma biblioteca na sala de aula com os textos e desenhos dos próprios alunos.

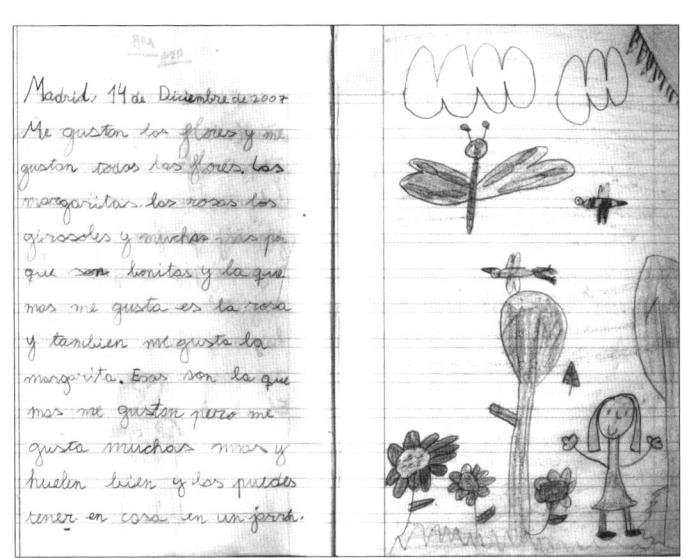

Colégio Bartolomé
Cossio, de Madri

Os fichários escolares e de autocorreção:
um aprendizado cooperativo em uma biblioteca de sala de aula

Como alternativa ao livro-texto como manual único, e que não leva em conta o ambiente específico de cada criança, Freinet introduziu nas salas de aula os fichários escolares cooperativos. Confecciona-se um fichário (alfabético e decimal) no qual se arquiva toda a documentação obtida em todas as fontes possíveis e que servem para completar ou substituir os manuais escolares.

A sala de aula Freinet é um espaço no qual se acumula – de forma cooperativa, com contribuições de todos – documentos que serão utilizados para o estudo e a formulação de perguntas: textos, guias elaborados pelos professores, desenhos, publicações, artigos, fichas, revistas, fatos e tudo aquilo que for útil para o aprendizado. A classificação desse material é decimal e é acessível às crianças, as quais, de forma independente, têm acesso e fazem os registros no livro de empréstimos. Os alunos também mantêm seu próprio controle de realização de fichas em seus caderno pessoal.

O fichário é usado para o trabalho escolar, para as apresentações, ilustrações de textos e para a fomentação da curiosidade, do interesse e do desejo de conhecer.

Ao longo da vida de Freinet, a Cooperativa de Ensino Laica (CEL), fundada por ele, foi criando materiais que iam aumentando o volume da biblioteca das salas de aula:

- Fichários de consulta sobre temas escolares.
- Fichários de autocorreção de cálculo, ortografia, geometria, etc., sobre operações, problemas ou exercícios como os das matérias de geografia, história ou ciências. Esses fichários de autocorreção permitem que os alunos avancem em seu próprio ritmo com diversos tipos de fichas (que se caracterizam por suas diferentes cores):
  – Fichas de informação geral.
  – Fichas de exploração (enquetes, trabalhos manuais, etc.).
  – Fichas de busca de palavras.
  – Fichas guias para os trabalhos de geografia, história e ciências.
  – Fichas de autocorreção propriamente ditas.

Outro elemento importante de documentação da sala de aula, considerado material de estudo e consulta, é a "Biblioteca do Trabalho", livretos monográficos, diferenciados por idade e área de conhecimento, sobre temas elaborados pelos alunos e que a CEL publicou ao longo dos anos, muitos deles traduzidos para o espanhol (ainda que em editoras, lamentavelmente, já fechadas).

Sebastián Gertrudix (2004), professor praticante da pedagogia Freinet, afirma:

Capa do livreto de autocorreção número 10, publicado pela editora Avance, de Barcelona (já extinta)

Com os dados das fichas *del mercadillo*[*], das provas, dos controles físicos e de outras atividades de sala de aula, fomos confeccionando uma série de problemas de autocorreção que os alunos iam resolvendo ao longo do ano letivo. Para solucioná-los, deviam consultar diversas fichas informativas das quais extraíam os dados necessários e, finalmente, faziam a autocorreção das outras fichas que estavam com o professor. Uma vez que na experiência que pudemos acompanhar como tutores dos mesmos alunos durante toda sua escolaridade, fomos aproveitando dados, atividades e materiais de um ano letivo para outros, isso nos permitiu oferecer grande quantidade de atividades de matemática aos nossos alunos, com dados reais obtidos de nossa própria atividade em sala de aula.

---

[*] N. de R.T.: É possível consultar no *site* de Sebastián Gertrudix as fichas *del mercadillo*: sebastiangertrudix.wordpress.com

Cada série tinha de resolver cinco problemas, e com algumas turmas se confeccionava um livreto no qual as crianças trabalhavam em sala de aula. Era necessário cumprir prazos mínimos e os alunos mais rápidos podiam fazer novos livretos que o professor ia construindo. Eles também podiam propor problemas partindo dos dados que íamos recompilando.

No início da década de 1980 (não há data nos cadernos), a editora Avance, de Barcelona (já extinta) traduziu 10 livretos de autocorreção de cálculo, começando com o número um, com a tabuada de adição, até o número 10, de multiplicações e divisões com decimais. Os livretos eram traduções das publicações de Techniques Freinet, CEL, Cannes, 1975.

A correspondência interescolar

Em 1926, a escola na qual Freinet trabalhava começa a manter uma correspondência epistolar com os professores e alunos da escola de Saint Philibert, na qual a prensa também era utilizada.

A correspondência é o intercâmbio epistolar (naquele momento, já que hoje outros meios de comunicação são utilizados) entre crianças e professores sobre aspectos da vida escolar e do meio ambiente: costumes, tradições, trabalhos, formas de pensar, etc. A correspondência inclui textos impressos, cartas e também materiais audiovisuais, produtos locais, etc.

Cada criança tem um par na outra escola com o qual mantém uma correspondência particular que lhe permite uma relação mais íntima. Ao longo do contato com a outra escola, costuma-se realizar um encontro com todos os alunos a fim de estreitar os laços afetivos e pessoais.

A correspondência interescolar é um elemento de motivação, já que os alunos exploram e estudam o que compõe seu ambiente e recebem elementos de ambientes externos. A leitura em grupo do material recebido é um bom pretexto para abordar e se perguntar sobre novos temas.

Atualmente, a correspondência entre escolas continua sendo empregada, ainda que com as tecnologias da informação e da comunicação se estejam desenvolvendo novas formas de trabalho nas salas de aula (mediante *e-mail* ou *blogs*, entre outros).

O plano de trabalho

Trata-se de um documento que os alunos têm, elaborado semanal ou quinzenalmente, no qual se reflete o compromisso do trabalho que deve ser realizado (fichas, leituras, trabalhos, iniciativas pessoais, etc.). Os alunos decidem por si próprios o que farão durante esse tempo, o professor os avalia e eles se autoavaliam constantemente.

O plano de trabalho é uma técnica que permite que o próprio aluno – de forma autônoma – seja quem organiza suas tarefas. Ele faz com que cada aluno possa trabalhar de acordo com seu ritmo, desenvolvendo as tarefas escolares segundo a ordem que mais lhe convenha. O progresso pessoal de cada um é acompanhado de forma conjunta com o professor. Cada dia, supervisiona-se o plano de trabalho e se marca com diversas cores (de acordo com os temas e as matérias) o trabalho realizado.

Há também um mural do plano de trabalho anual, no qual se pode ver tudo o que deve ser tratado ao longo do ano letivo, e que vai sendo marcado com diferentes cores, conforme os diversos temas vão sendo desenvolvidos.

O plano de trabalho permitiu que Freinet eliminasse os exames, uma vez que os alunos avaliam – conjuntamente, mediante o plano de trabalho e o registro do seu seguimento individual – as tarefas realizadas. Em um gráfico pessoal, vão sendo registradas as indicações que avaliam o trabalho realizado. Esse gráfico é levado para casa a fim de que seja assinado pelos pais ou tutores.

Na página da internet do colégio Bartolomé Cossio, de Madri (*http://bartolome.wordpress. com/2008/06/08/plan-de-trabajo-2*), podemos ler:

Plano de trabalho de Sara (4ª série)

Aqui você pode ver a primeira página do plano de trabalho da Sara (4ª série). O plano de trabalho na 4ª série tem quatro páginas. Buscamos, por meio dessa técnica, ajudar os alunos na organização de suas tarefas ao longo de duas ou três semanas. Assim, eles podem ir controlando as atividades que já fizeram e as que restam para se fazer. Também pretendemos que os alunos aprendam a se autoavaliar e que tenham uma opinião e visão crítica sobre seu trabalho e visualizem maneiras para a sua melhoria. Os pais também ficam mais bem informados sobre o desempenho escolar de seus filhos. O plano de trabalho é baseado em uma técnica criada para a escola pelo professor e pedagogo francês Célestin Freinet.

Outras técnicas Freinet: a assembleia cooperativa semanal, as conferências, o mural de notícias e os complexos de interesse

Freinet desenvolveu uma diversidade de técnicas pedagógicas, muitas delas ligadas à organização da sala de aula como estrutura cooperativa. Entre elas, destacam-se as seguintes:

- *A assembleia cooperativa semanal:* há um presidente, um secretário e um tesoureiro escolhidos pelas crianças. A assembleia é realizada uma vez por semana na qual se revisa o mural de notícias e se realiza um debate sobre o que foi exposto nele; também se analisa a vida da escola e os problemas, ou se prestam contas da venda do jornal escolar, entre outras atividades. Freinet revitalizava na assembleia o aprendizado de temas morais e a responsabilidade na tomada de decisões individuais e em grupo.
- *As conferências:* são preparadas pelas próprias crianças sobre um tema de seu interesse. Ao finalizar a conferência, uma discussão coletiva é iniciada sobre o tema tratado.
  Por meio da conferência, pretende-se o desenvolvimento da expressão da criança, familiarizando-a com o uso de diferentes instrumentos (esquemas, materiais audiovisuais, textos, etc.), animando-lhes a escrever e ler sobre um determinado tema e a falar e discutir em público.

A Escola Teceltican de Xochimilco (no México)[17], que segue as técnicas Freinet, nos apresenta o seguinte:

Essa técnica permite que os interesses de nossos estudantes façam parte do programa de trabalho. Nossas crianças escolhem livremente algum tema para realizar uma pesquisa. Mais tarde, elas expõem a pesquisa ao grande grupo e procuram demonstrar que realizaram uma boa síntese daquilo que lhes interessou. Os estudantes fazem apresentações com materiais audiovisuais ou, até mesmo, ajudam-se com o computador. Esse trabalho permite que nossos alunos desenvolvam várias das competências do programa, como, por exemplo, colocar em suas próprias palavras o conhecimento obtido por meio da pesquisa. Eles praticam a interpretação de textos e são capazes de analisar o que foi lido para sintetizar e fazer anotações.

Outra das vantagens das conferências é a capacidade que os alunos desenvolvem ao apresentar seu trabalho em frente ao grupo, pois não é fácil dominar o nervosismo e mostrar o resultado de sua pesquisa; no entanto, o respeito do grupo é fundamental e, por sorte, contamos com ele.

- *O mural de notícias:* cada semana se coloca na sala de aula um mural dividido em três partes: critico, elogio, proponho. As crianças podem escrever nele, desde que os textos sejam assinados.
  Na assembleia semanal, o jornal mural é revisado e um debate sobre o que foi exposto é realizado.
- *Os complexos de interesse:* inspirados em Decroly (à imagem e semelhança dos centros de interesse), Freinet propõe os complexos de interesse, que partirão das necessidades das crianças, e se baseiam no princípio do sincretismo ou da percepção global do mundo exterior por parte da criança.
  Diferentemente dos centros de interesse, os complexos duram menos tempo e são menos diretivos, já que partem da livre expressão e da espontaneidade da própria criança por meio do texto livre ou a partir de conhecimentos individuais ou sociais que lhes interessam.
  Como nos centros de interesse, no desenvolvimento do tema serão trabalhadas as diversas áreas escolares que se concentram no plano de trabalho individual:
  – O cálculo, a partir da vida cotidiana, relacionado com a vida da criança, por meio de sua livre expressão, com seus problemas matemáticos reais, é o que Freinet denomina *cálculo vivo.*

Alunos da escola Freinet durante uma conferência em 1964

Sala de aula Freinet

- A linguagem, mediante o texto livre, a imprensa, as conferências, os arquivos, etc.
- As ciências sociais, mediante a análise do ambiente e por meio de uma metodologia de perguntas: observações, enquetes, visitas, entrevistas, etc., que Freinet denominou *geografia viva*.
- As ciências naturais, mediante a observação dos fenômenos, a experimentação, a leitura, a correspondência, etc.

Tudo isso configurará uma proposta global que Freinet chama de *método natural* cuja base é uma prática educativa – uma metodologia escolar – que parte da experiência diária da vida individual e social das crianças, e que não pretende unicamente que os alunos aprendam os conteúdos escolares, mas que, sobretudo, desenvolvam sua personalidade, sua criatividade e a socialização individual e coletiva, para que sejam crianças mais livres.

A metodologia natural pretende ser um estímulo para o aprendizado, respeitar o ritmo de cada criança, embasar a atividade escolar na realidade vital e nos interesses do aluno, e estimular a livre expressão e a comunicação com os demais.

TENDÊNCIAS E MOVIMENTOS PEDAGÓGICOS FREINETIANOS

O passado

Célestin Freinet criou um grande movimento pedagógico. Ainda durante sua vida, sua pedagogia se estendeu por todo o mundo e muitos professores se juntaram ao movimento Freinet. Tratava-se de algo mais do que a aplicação de suas técnicas; era um compromisso ideológico com a forma de ver a escola, a educação e a realidade social. O movimento Freinet foi imbuído por uma militância pedagógica e política, como uma maneira de participar de uma nova pedagogia para o povo.

Todavia, a pedagogia Freinet não tem estado isenta de inquietudes, discussões e paradoxos. Mesmo que nascida na escola pública, em muitos países ela se expandiu, majoritariamente, para escolas privadas (como consequência, muitas vezes, das condições políticas da escola estatal, como aconteceu na Espanha durante o franquismo). Também apareceram a dissidência e a cisão: a pedagogia institucional.

Surgiram no movimento freinetiano francês, nos anos de 1960, importantes discrepâncias ideológicas entre os professores urbanos (principalmente de Paris) e os professores rurais do Instituto Cooperativo de Educação Moderna. A pressão do grupo parisiense para introduzir na pedagogia freinetiana as análises freudiana e lewiniana levou à separação desse grupo em 1961 e à sua ruptura em 1963, criando o GET (Grupo de Técnicas Educativas) o qual, por sua vez, foi dissolvido em 1966 e convertido no Grupo de Educação Terapêutica, no surgimento da denominada *pedagogia institucional* – F. Oury, J. Pain, Lapassade (1924-2008), A. Vásquez e Lobrot[18], eram seus representantes mais conhecidos. O grupo, que nasceu como uma orientação dentro do movimento Freinet, introduziu em sua pedagogia duas correntes: de um lado a psicossociologia, e de outro lado, o enfoque freudiano e a contribuição da psicoterapia institucional – unindo pedagogia e psiquiatria.

Freinet não considerou sua pedagogia institucional tanto como uma cisão do movimento, mas um pequeno grupo de oponentes (caso deseje analisar melhor esse tema, veja Colom e Santandreu, 1992).

Segundo a opinião de Louis Legrand (1993)[19]:

> Não faz sentido esperar que Freinet produzisse textos acadêmicos nos quais teorizasse formalmente a filosofia de sua prática. Não resta dúvida de que Freinet leu e escreveu muito. Ele descreveu seu pensamento e suas ações em livros como *L'education du travail* (1949), *Les dits de Mathieu* (1949), *L'essai de psychologie sensible appliquée à l'éducation* (1950), *L'ecole moderne française* (1957), etc. Nos últimos anos de sua vida, quis incorporar ao seu movimento teóricos da pesquisa docente, entre os quais eu mesmo, em torno de uma revista, *Techniques de Vie*, que teve uma vida efêmera. Em conjunto, sua obra é concreta, pitoresca e afetiva. Porém, torna-se difícil delimitar sua profunda filosofia, uma vez que Freinet evoluiu continuamente e se alimentou das grandes correntes de pen-

samento de sua época, as quais assimilou e, sobretudo, transformou. Isto ocorreu, por exemplo, com a reflexologia (veja Élise Freinet, 1977, p. 143), a cibernética, o ensino programado e o estruturalismo. Sua cultura, ao se formar como professor e quando preparava as oposições de inspetor, já era muito ampla. Ela seria ainda maior quando, por ocasião da celebração de congressos, viesse a tratar de Ferrière, Decroly, Cousinet[20], Claperède, Dottrens[21], Wallon[22], Barbusse[23], Politzer[24] e outros. Porém, entre o início, provavelmente marxista, e o final de sua vida, inspirado no parecer de Teilhard de Chardin, que longo caminho Freinet percorreu!

O presente

Freinet foi um homem dinâmico, que não somente difundia suas ideias em texto de revistas de seu próprio movimento e de outros, mas também foi organizador de congressos e fundou diversos órgãos, revistas, associações e cooperativas. Todos os órgãos e as instituições educativas fundados por Freinet continuam hoje vigentes. De todos eles, se destacam os seguintes:

- A Cooperativa da Escola Laica (CEL): primeira cooperativa de professores que aplicavam as técnicas Freinet, fundada em 1927 por Freinet como uma cooperativa de produção didática. Posteriormente, em 1948, foi criado o Instituto Cooperativo da Escola Moderna (ICEM) a fim de dar à CEL uma vertente mais pedagógica e não tão voltada para a produção de materiais. Atualmente, o ICEM é o movimento francês freinetiano (*www.freinet.org/icem*). Hoje, a CEL é uma imensa cooperativa de materiais escolares na qual se pode adquirir não somente os materiais de Freinet, mas também tudo o que for necessário para equipar uma escola.
- A Federação Internacional dos Movimentos da Escola Moderna (FIMEM) (*www.fimem-freinet.org* ou *www.icem-pedagogie-freinet. org/?q=node/13*): a FIMEM é uma associação de movimentos

Célestin Freinet

nacionais e de grupos regionais presente em todo o mundo que defende, pela sua extensão, a pedagogia Freinet, popular e cooperativa. Foi fundada em 1957 por Freinet e um grupo de professores de diversos países em Nantes. É a organização que reúne os movimentos Freinet e é reconhecida pela UNESCO como uma organização educativa não governamental.

A FIMEM organiza, desde 1968, a cada um ou dois anos, os Rencontres Internationales Des Éducateurs (RIDEF). Tratam-se de congressos internacionais sobre a pedagogia Freinet (encontro cultural e laboratório didático internacional da pedagogia cooperativa e popular, onde se expõem ideias e se trocam experiências e materiais didáticos). A Federação publica textos e revistas (Multilettre) e hoje tem diversas listas de difusão e distribuição telemática sobre a pedagogia Freinet.

Os movimentos Freinet estão distribuídos em todos os continentes: Europa (há movimentos na Alemanha, Áustria, Bélgica, Bulgária, Dinamarca, Estônia, Finlândia, França – o já mencionado Instituto Cooperativo da Escola Moderna, ICEM, o movimento Freinet mais antigo –, Grã--Bretanha, Hungria, Itália, Países Baixos, Polônia, Portugal, Romênia, Dinamarca, Rússia, Suécia, Suíça e Espanha), América (Brasil, Colômbia, Equador, México, Nicarágua, Panamá, Peru, Canadá, Estados Unidos e Venezuela), África (Argélia, Benin, Burkina, Fasso, Madagascar, Marrocos, Senegal e Tunísia) e Ásia (Japão e Líbano).

Os movimentos cooperativos Freinet na Espanha e na Itália

A introdução do movimento Freinet na Espanha já foi tratada em inúmeros textos publicados em livros e revistas. Fazendo uma síntese, podemos recordar que foi no ano de 1929 que Jesús Sanz, professor de metodologia da linguagem da Escola Normal de Lérida, foi agraciado com uma bolsa pela junta de ampliação de estudos e se transferiu para Genebra, onde descobriu as técnicas Freinet. Apaixonado pelas novas técnicas e de volta à sua sala de aula, convence o inspetor Herminio Almendros[25], assim como José de Tapia e Patricio Redondo, dois professores de escolas rurais pequenas de Lleida, para que aplicassem as técnicas em suas respectivas escolas rurais. Posteriormente, foi estendendo as técnicas até que, em 1934, fundou a Cooperativa Espanhola da Imprensa na Escola que editou, até o início da Guerra Civil Espanhola, a revista *Colaboración*, órgão da cooperativa e ferramenta de difusão do movimento.

Devido à Guerra Civil Espanhola, o movimento e seus membros se dispersaram; alguns sofreram as consequências mais dramáticas da guerra – morte e prisão – e outros conseguiram partir para outros países da Europa ou América Latina, onde continuaram exercendo o cargo de professores e aplicando as técnicas Freinet.

No final dos anos de 1960, o movimento Freinet renasce com o nome de Associação Espanhola para a Correspondência e a Imprensa Escolar (ACIES), a qual, com o final da ditadura (1974) e sobretudo após seu desaparecimento, converte-se no Movimento Cooperativo da Escola Popular (MCEP), que hoje continua difundindo as técnicas Freinet (*www.mcep.es*).

Na Espanha, existem dois movimentos adscritos à FIMEM: o já mencionado MCEP, que reiniciou suas atividades em 1977, porém é herdeiro do movimento Freinet que nasceu em 1931, e a Nova Escola Galega, movimento fundado em 1983 (*www.nova-escola-galega.org*). O primeiro editava a revista *Kikirikí* (previamente chamada *Colaboración*) e outras publicações de grupos territoriais. Os volumes publicados da revista *Kikirikí*, até 2007, ano em que deixou de ser editada, encontram-se digitalizados no *site* da Quaderns Digitals (*www.quadernsdigitals.net/index. php?accionMenu=hemeroteca.VisualizaRevistaIU.visualiza &revista_id=7*). O movimento da Nova Escola Galega hoje edita a *Revista Galega de Educación* (pode-se consultar os seus diversos volumes na página da internet: *www.nova-escola-galega.org*).

O Movimento de Cooperação Educativa da Itália (MCE) (*www.mce-fimem.it*) é um dos movimentos com maior número de educadores afiliados (cerca de 700), depois de Portugal, que conta com 1.000 educadores. Em todo caso, supera o número de integrantes do movimento de cooperação originário francês que reiniciou suas atividades em 1957, e provém da antiga Cooperativa da Tipografia na escola, que foi fundada em 1951.

O Movimento Freinet Italiano (MCE) teve uma grande influência na Espanha a partir da década de 1980 e se converteu em uma referência ideológica e pedagógica (Imbernón, 1987). Suas contribuições, em textos e artigos, sua participação em congressos, jornadas ou escolas de verão a partir dos anos de 1970, deixaram uma marca importante na escola. Os membros que se destacaram (Lodi, Ciari, Pettini, Malaguzzi, Alfieri, Tonucci, Rizzi, entre outros) propiciaram e ainda propiciam, sem renunciar às origens da pedagogia Freinet, uma escola aberta ao ambiente e sensível às necessidades da infância, incorporando a vertente mais social da pedagogia Freinet. Eles introduziram aspectos e debates pedagógicos sobre avaliação, a criança como unidade, a pesquisa em sala de aula, a integração escolar, entre outros, que em alguns países eram inexistentes.

O futuro: a pedagogia Freinet, uma pedagogia nascida no século XX, mas imprescindível no século XXI

Hoje, é mais difícil que no passado encontrar uma escola que siga de forma ortodoxa as técnicas Freinet. Ainda existem, como já mostramos, continuadores, afiliados ou não a movimentos Freinet, que transmitem muitas de suas técnicas e as convertem no patrimônio da cultura pedagógica dos professores. Elas já são técnicas e práticas normais nas escolas atuais.

Freinet foi um dos grandes pedagogos do século XX. Sua herança perdura na cultura do ensino e uma de suas características é a adequação de suas técnicas aos diversos ambientes nos quais se pratica o aprendizado. Hoje, muitos anos após seu nascimento e sua morte, as técnicas de Freinet mantêm essa grande capacidade de adaptação à escola do futuro. Muitas das técnicas têm variado em função das mudanças sociais e pedagógicas, outras quase desapareceram ou sofreram um processo de transformação, pois já não são tão úteis em algumas escolas. Porém, muitas de suas práticas continuam extraordinariamente vivas e necessárias na escola atual, assim como seu pensamento continua sendo.

O movimento Freinet se destaca pela sua grande quantidade de publicações, tanto revistas como livros, que têm sido publicados ao longo do tempo. Não obstante, devemos reconhecer que a pedagogia Freinet, até boa parte da década de 1960, somente era conhecida na Espanha pelos estudiosos ou professores mais comprometidos. O desafio assumido por algumas editoras espanholas, como Estela, Fontanella, Reforma de la Escuela, Avance, Siglo XXI, Laia, etc., a maioria já fechadas, contribuiu para a introdução de Freinet nos países de língua espanhola. Atualmente, algumas das obras de Freinet estão sendo reeditadas pelas editoras Morata, de Madri, e Laboratorio Educativo, de Caracas.

São muitas as revistas especializadas em Freinet em todo o mundo; entre elas, podemos destacar *Le Nouvel Éducateur*, herdeira da *L'Éducateur Proletarien* e, entre as mais antigas, *L'imprimerie à l'École* e *L'Éducateur* fundadas por Célestin Freinet. Atualmente, a produção de materiais do

Movimento Freinet em nível internacional é muito alta, tanto de revistas como de bibliotecas de trabalho.

O movimento Freinet tem se adaptado aos novos tempos. Vêm se unindo aos grupos de trabalho comuns que trabalham suas técnicas (línguas, criação, esperanto, etc.), novos grupos de professores, tanto nacionais como internacionais, que se encontram para analisar temas, entre eles a tecnologia, a telemática, as minorias, os direitos da criança, etc.

O movimento Freinet também tem sofrido crises ao longo de sua trajetória. Atualmente, percebe-se a crise associacionista geral e em particular dos movimentos pedagógicos. Mesmo que o movimento não tenha a grande expansão que desfrutou nas décadas de 1970 e 1980, ainda continua sendo um movimento de base, uma iniciativa que supõe a construção de uma educação na e para a liberdade dos indivíduos e a partir dela. As contribuições de Freinet, que fazem parte do patrimônio educativo de muitas escolas, têm tornado possível, sem dúvida, uma escola melhor.

> É necessário, sobretudo, recordar aos pais e professores que um educador que não sente prazer pelo seu trabalho é um escravo de seu meio de sustento, e que um escravo não poderia formar homens livres e corajosos; vocês não podem preparar vossos alunos para que amanhã construam o mundo de seus sonhos se já não creem nesses sonhos; não podem prepará-los para a vida se não creem nela; não podem mostrar o caminho se tiverem sentados, cansados e desanimados na encruzilhada de caminhos.

Essa é a famosa e conhecida citação de Freinet, publicada no texto *Una pedagogía moderna de sentido común. Los dichos de Mateo.* A primeira edição em espanhol desse livro foi publicada em 1970 com o título *Parábolas para una pedagogía popular (Los dichos de Mateo)* pela Editorial Estela. Hoje está publicado em Madri pela editora Morata (1996). A primeira edição francesa é de 1959, com base em uma coletânea de artigos publicados em *L'Educateur* entre 1946 e 1954.

NOTAS

1   A primeira versão dessa parte do livro foi publicada na obra coletiva de Trilla (veja Trilla, 2006).
2   Adolphe Ferrière (Genebra, 1879–1960), pedagogo suíço. Foi um dos principais promotores e teóricos da escola ativa e teve grande influência de Pestalozzi. Autor de *L'école active* (1924). Há uma versão espanhola de 1927 editada por Francisco Beltrán. Por ocasião da morte de Freinet, dirá: "Transformou em realidade todos os generosos sonhos dos grandes pedagogos".

3 Ovide Decroly (1871–1932), médico belga. Iniciou sua atividade profissional com crianças com deficiência mental, e em 1907 inseriu crianças psiquicamente normais na École del Ermitage. Pioneiro dos centros de interesse e da globalização.

4 William Heard Kilpatrick (1871–1965), pedagogo norte-americano colaborador de John Dewey. É considerado criador do método de projetos.

5 Antón Semiónovich Makarenko (1888–1939), pedagogo ucraniano. Após o sucesso da Revolução Russa, funda as casas cooperativas para órfãos da guerra civil, entre as quais se destaca a Colônia Gorki. Sua obra mais conhecida é o *Poema Pedagógico* (há uma versão espanhola de 2002, publicada pela editora Akal, de Madri).

6 Jean Jacques Rousseau (1712–1778) foi um dos principais filósofos do Século da Luzes. Suas ideias políticas influenciaram a Revolução Francesa e o desenvolvimento das teorias liberais e nacionalistas. É conhecido, particularmente, por seus trabalhos sobre o homem, a sociedade e a educação. Mais adiante, aprofundaremos sua influência em Freinet e suas invariantes.

7 Johann Heinrich Pestalozzi (1746–1827), pedagogo suíço. Sua pedagogia se baseia na intuição sensível das coisas e sustenta que a partir dela as ideias são formadas. Como consequência, o método de ensino também tem de seguir esse mesmo processo, sendo adaptado ao desenvolvimento da criança em todos os momentos.

8 María Montessori (1870–1952). Seu método educativo é caracterizado em insistir na atividade dirigida pela criança e na observação por parte do professor. Essa observação tem o objetivo de adaptar o ambiente de aprendizado da criança ao seu nível de desenvolvimento.

9 Édouard Claparède (1873–1940), pedagogo suíço, criador e presidente por muitos anos do Instituto des Sciences de l'Education Jean-Jacques Rousseau, de Genebra. Sua pedagogia era centrada em uma prática educativa baseada nas necessidades da criança.

10 Pierre Bovet (1878–1944), psicólogo e pedagogo suíço. Juntamente com Édouard Claparède e Adolphe Ferrière fundou o Instituto des Sciences de l'Education Jean-Jacques Rousseau, do qual foi diretor até 1944. Bovet foi o primeiro a usar o termo *escola ativa* para designar a Escola Nova.

11 Nadiezhda Konstantinova Krupskaia (São Petersburgo, 1869 – Moscou, 1939), política soviética. Casou-se com Lênin em 1898. Após a revolução de outubro de 1917, desempenhou diversos cargos políticos, em especial no âmbito da educação. Membro do Comitê Central do Partido Comunista da URSS (1927).

12 Ano em que foi editado seu primeiro livro, *La imprenta en la escuela,* traduzido para o espanhol por Herminio Almendros em 1936 e editado pela Imprenta Claret de Vilafranca del Penedés. O livro nunca chegou a ser distribuído, devido ao início da Guerra Civil Espanhola.

13 A pedagogia libertadora é uma tendência que surgiu em princípios do século XX com base nas experiências escolares e dos textos escritos por diversos pedagogos como Francesc Ferrer i Guardia e Leon Tolstoi. Os princípios que fundamentam essa tendência buscam alcançar um método de aprendizado mediante o qual a pessoa possa desenvolver suas atitudes livremente, sem nenhuma autoridade imposta. Seu objetivo é tornar as pessoas íntegras e livres. O conceito de *autoridade* se mostra como um empecilho a tal objetivo. Existem diferentes propostas de pedagogia libertadora.

14 Veja Imbernón e Zabala (1982) ou Sala e Jover (1981).

15 O limógrafo é feito com uma moldura de madeira junto a uma tábua do mesmo tamanho, mediante dobradiças, como se fosse um livro. No espaço superior se coloca uma tela com textura regular e fina (seda ou náilon), bem esticada e sem rugosidades. O clichê que se usa é o normal em mimeógrafos.

16 Acessado em 18 de novembro de 2009 no endereço *http://teceltican.com/cmo-trabj/texto.html*

17 Acessado em 18 de novembro de 2009 no endereço *http://teceltican.com/cmo-trabj/texto.html*

18 Veja Lapassade (1999) e Vasquez e Oury (1976).

19 *http://www.educar.org/articulos/Freinet.asp* [acessado em julho de 2010].

20 Roger Cousinet (1881–1973), pedagogo francês. Criador do método de trabalho em equipe. Dirigiu a Nova Educação em 1920 e fundou a Nova Escola Francesa, em 1945. Entre suas obras se destacam *El trabajo escolar colectivo* (1922) e *Un método de trabajo libre por grupo* (1945). Segundo Cousinet, o aluno é seu próprio educador e se deve atuar sobre ele respeitando a todo momento sua iniciativa e liberdade.

21 Dottrens, R. (1947): L'Enseignement Individualisé. Neuchâtel. Delachaus e Nestlé. Segundo Dottrens, trabalho individual não consiste em executar de forma individual as mesmas tarefas com todos os alunos, mas em elaborar para cada aluno um plano educacional que melhor convenha de acordo com suas características.

22 Henry Wallon (Paris, 1879–1963), psicólogo e pedagogo francês. A psicologia da criança, cujo desenvolvimento é influenciado, a seu ver, pelo amadurecimento biológico e pelo meio social; desenvolvimento que não é contínuo, mas é assolado por crises que provocam uma reorganização contínua. Wallon descreveu o desenvolvimento mental da criança como uma sucessão de estados, detendo-se na análise dos aspectos cognitivos, biológicos, afetivos e sociais. Junto com o suíço Jean Piaget e o bielorusso Lev Vigotsky, é considerado uma das figuras-chave da psicologia infantil moderna.

23 Henri Barbusse (Asnières-sur-Seine, 1873 – Moscou, 1935) foi um escritor, jornalista e militante comunista francês desde 1923. Em 1908, publicou um romance naturalista, *L'Enfer* (O Inferno). Alcançou a fama com o romance *Le feu* (O fogo), em 1916, baseado em sua experiência na Primeira Guerra Mundial, no qual mostrava seu ódio crescente pelo militarismo.

24 George Politzer (Nagyvárad, hoje Oradea, 1903 – Mont Valérien, 1942), psicólogo e filósofo marxista, de origem húngara. Sua obra constitui uma introdução para o conhecimento do materialismo dialético, fundamento do marxismo.

25 Herminio Almendros (1878–1974), pedagogo espanhol. Estudou na Escola Normal de Alicante e na Escola Superior de Magistério de Madrid, e, posteriormente, foi inspetor do ensino fundamental e professor da Universidade de Barcelona entre os anos 1933 e 1937. Ficou exilado durante a Guerra Civil Espanhola e morreu em Cuba.

SEGUNDA PARTE

Reflexões a partir da releitura do livro *Las invariantes pedagógicas:* uma abordagem atual[1]

2 As invariantes

Antes de passarmos à reflexão das invariantes pedagógicas, queremos assinalar alguns aspectos que devem estar presentes:

1. A edição original francesa é de 1964. O pensamento e a linguagem de Freinet (vocabulário, expressões, utilização do gênero, metáforas, etc.) devem ser situados nessa época.

2. O texto das invariantes descritas na edição original desta obra e que daí foram traduzidas para o português corresponde à tradução da primeira edição espanhola, realizada pela editora Laia, de Barcelona, em junho de 1972 – a tradução foi obra de Antonio Llidó e a supervisão foi feita pelo "Grupo de la escuela moderna en España"[2] (*sic*). Respeitamos a tradução original para o espanhol de todas as variantes exatamente do modo como foram publicadas em 1972, mesmo que algumas tenham problemas de expressão e estilo gramatical.

Capa da edição francesa de 1964

3. O livro leva como subtítulo: *Guía práctica de la escuela moderna* (no original francês, o subtítulo é *Código práctico para la escuela moderna*).

Capa da primeira edição espanhola de 1972

4. Há uma citação e um texto que servem de introdução. A citação é de María Montessori, faz parte do texto *El espíritu absorbente del niño,*[3] e diz o seguinte:

> Eis as leis da vida; não se pode ignorá-las; é preciso atuar conforme essas leis. Indicamo-as com esta finalidade, agregadas aos Direitos Humanos, que são comuns à humanidade.

O texto introdutório é do próprio Freinet; nele, o educador pretendia realizar um guia para os jovens professores, uma iniciação às suas técnicas e aos princípios, ou às invariantes, que as sustentam. Ele também cita o Dr. Viard,[4] e sua definição de invariantes como aquilo "que não varia nem pode variar, quaisquer que sejam as atitudes e pessoas. [...] A *Invariante* constitui a base mais sólida, evita tanto as decepções como os erros".

5. Freinet finaliza a descrição de cada invariante com um teste simples (também chamado ao longo do texto de código pedagógico) para os educadores sobre suas práticas educativas. O teste avalia, por meio de cores, como se fosse um semáforo – vermelho, amarelo ou verde –, a menor ou a maior adequação das respostas às invariantes, avaliando assim a própria prática educativa com o objetivo de melhorá-la. Em nossa análise das invariantes, realizamos uma adaptação de tais testes.[5]

6. Freinet estrutura suas 30 invariantes em três grupos: a natureza da criança,[6] as reações da criança e as técnicas educativas.

7. No final do livro, há um gráfico geral, que aqui deixamos de citar, o qual resume todas as respostas dos testes, oferecendo uma visão global do nível de adequação da própria prática escolar às invariantes, em função da frequência com que aparecem umas ou outras cores que qualificam as respostas (verde para as respostas que mais se adequam às invariantes pedagógicas, amarelo paras as que pouco se adequam e vermelho para as que mais se afastam das invariantes).

I A NATUREZA DA CRIANÇA

Invariante nº 1: A criança tem a mesma natureza que o adulto

Freinet disse aos professores que a criança é como uma árvore que ainda está crescendo, mas que se nutre, cresce e se defende exatamente igual à árvore adulta.

A criança se nutre, sente, sofre, busca e se defende como vocês, só que em ritmos diferentes que procedem da sua debilidade orgânica, ignorância,[7] inexperiência e também de seu imensurável potencial de vida [...] ela vive seguindo exatamente os mesmos princípios que vocês.

Com esta invariante, Freinet estabelece que a diferença entre adulto e criança é de grau, não de natureza. Trata-se de uma afirmação poderosa que supõe uma nova visão da infância. O fato de compartilhar a mesma natureza leva a ver a criança, assim como o adulto, como sujeito de direitos. Esta nova abordagem provoca uma mudança de atitude: o adulto começa a se colocar no lugar da criança, de modo empático, antes de julgá-la ou de sancioná-la. O princípio desta invariante é um dos tópicos do pensamento de Freinet, que irá se repetir ao longo de sua vida.

Le Gal (2005, p. 45) afirma:

Foi necessário que se passassem séculos para reconhecê-lo. Para Freinet, "a criança tem a mesma natureza que nós". Este é o ponto de vista de todos os pioneiros da Nova Educação, o que levou a uma transformação na relação entre o adulto e a criança. De fato, considerar a criança como um ser humano, uma pessoa com o mesmo grau de respeitabilidade, a mesma dignidade e os mesmos direitos que nós, questiona nossas atitudes, nossos costumes de apropriação, autoridade e tomada de decisão. Qualquer um de nós, se observarmos os pequenos fatos do dia a dia, precisamente quando as crianças manifestam suas insatisfações e reivindicações de respeito quando do têm a palavra, constataremos que, frequentemente, nos encontramos em situações nas quais este princípio se cumpre.

É importante destacar a aparição da palavra "respeito". Praticar o respeito perante os outros significa ensinar o respeito a todos. Um tema que a educação sempre tem evitado, ainda que hoje se fale mais de convivência do que de respeito.

Freinet quer nos dizer, nessa primeira invariante, que a criança é um ser social com significado e valor. Mesmo que esse conceito já existisse desde os anos de 1930, sua influência não aumentará até a década de 1960. Adota-se a linha já desenvolvida por Philippe Ariès[8], em 1962.

Nas palavras de Francisco O. Ramírez (1993):

Esta premissa está alinhada à tradição da pesquisa sociohistórica promovida pela obra de Philippe Ariès, Centuries of Childhood (1962), que teve muita influência nessa área. As críticas à sociedade ocidental e sua suposta incapacidade de aceitar e tratar as crianças como pessoas e cidadãos de pleno direito, frequentemente evocam esta perspectiva construtivista (por exemplo, Illich, 1970).

Ramírez se refere à obra de Ivan Illich,[9] autor que questionou a escolarização massiva obrigatória da infância e das instituições educativas.

Enfim, quando Freinet afirma que a criança e o adulto têm a "mesma natureza" quer dizer que o adulto é cidadão e pessoa, assim como a criança, e que ambos devem ser tratados como tal. A criança não é uma vara que deve se endireitar, e sim uma árvore que deve ser regada.

Assim, nossa sociedade atual seria consequência da invariante que afirma "não haver diferenças de natureza entre adultos e crianças, mas sim de grau?" Ou seja, se respeitam, hoje, os direitos da infância? A realidade nos diz que nos países do primeiro mundo as crianças sofrem de solidão (na Espanha, em 2009, 17% das crianças ficam sozinhas toda a tarde; 20% não estão com seu pai na hora de jantar e 3% janta sem seus progenitores. Além disso, 150 mil crianças entre 6 e 14 anos sofrem da falta de comunicação extrema em casa). Em muitas zonas do planeta, as crianças sofrem de exploração, discriminação e pobreza e são tratadas com crueldade por parte dos adultos.

Ainda falta muito para que esta invariante, que reconhece o direito da criança, como pessoa e cidadã, à educação, à felicidade, à vida, seja cumprida em sua totalidade.

TESTE (adaptação própria)	
Coloco-me na situação da criança e não a trato com menos consideração do que com os adultos.	Verde
Não faço nada se a criança for discriminada.	Amarelo
A criança é um embrião de um homem e, portanto, está subordinada à vontade do adulto que deve endireitá-la.	Vermelho

Invariante nº 2: Ser maior não significa necessariamente estar acima dos demais

Ser maior (em estatura e idade) que os alunos não significa estar acima deles, no sentido de manter uma atitude prepotente.

Esse princípio vitalista[10] levará Freinet a reivindicar a suspensão dos estrados nas salas de aula, com o objetivo de que o professor esteja fisicamente no mesmo nível que os alunos. É evidente que a eliminação dos estrados não garante por si só a inexistência de atitudes prepotentes em relação aos alunos (como tampouco sua presença é sempre sinônimo delas), mas, evidentemente, o estrado conduz à percepção de uma relação desigual, de domínio de um sobre os outros.

O princípio educativo desta invariante é que não é possível educar de modo que não seja por meio da dignidade e do respeito mútuo entre alunos e professores (como uma continuação da primeira invariante). E isto é de vital importância no momento atual, quando os incidentes derivados da falta de respeito nas relações escolares (às pessoas, aos objetos e às normas)[11] são cada vez mais numerosos. Freinet avança em um tema fundamental na relação entre professores e alunos: uma boa relação com os alunos faz com que eles aprendam mais do professor; o tipo de relação condiciona a assimilação do conteúdo que se deve aprender. Quanto melhor for a relação, mais predisposto o aluno estará a aprender: é o que denominamos um *bom clima na sala de aula*. A prepotência, a humilhação, a arrogância e o distanciamento com relação aos alunos não beneficia sua educação nem ajuda a realizar aprendizados relevantes.

Sobre a relação de superioridade que o uso do estrado reflete nas escolas, Freinet afirma: "Vocês são maiores que seus discípulos. Ainda assim, isto não lhes basta, é preciso que subam em um estrado para assegurar sua superioridade". Se não se pode eliminar o estrado da sala de aula (por "razões administrativas", especifica Freinet) ele defende que se abaixe a mesa ("destronar") para colocá-la na mesma altura das mesas das crianças.

Esta invariante também pode nos remeter à Foucault, quando anos mais tarde estabelece uma relação íntima entre poder e verdade, uma verdade de quem detém o poder. Afirma Foucault (1986, p. 143):

> O importante, creio, é que a verdade não está fora do poder nem sem poder [...]. A verdade é deste mundo; é produzida graças às múltiplas coações, e mantém em si os efeitos reguladores do poder.

Interpretando o discurso de Foucault sob o ponto de vista da educação e aplicando essa invariante, podemos dizer que o professor exerce uma coação à medida que possui maior informação e autoridade, e essa autoridade é acrescentada, reforçada, fisicamente pelo estrado. Ainda hoje, observamos como determinadas autoridades políticas voltam a reivindicar o estrado para suprir a falta de autoridade do professor, com a desculpa de ter uma visão "mais geral" da turma.

Há um detalhe interessante nesta invariante, que defende que o professor se coloque no mesmo nível de seus alunos. Freinet afirma: "Os verá, não com olhos de pedagogos e chefes, mas com olhos de homens e crianças".[12] Hoje se costuma dizer: "eduque seus alunos como educaria seus filhos". A ideia é similar.

No filme *L'école buissonnière* (1949),[13] o qual narra a vida de Célestin Freinet, um professor chega a um vilarejo de montanhas e, com a chegada das baixas temperaturas do inverno, exige lenha para a estufa. Como o dinheiro público não chegava e o frio era intenso, o professor decide, em assembleia com os alunos, destruir o tablado da sala de aula e com ele alimentar a estufa. Todo um simbolismo.

Freinet defende a abolição da plataforma na sala de aula, que é um dos elementos característicos e recorrentes da pedagogia tradicional (que para Freinet é prolixa; dá aulas e faz perguntas baseada na autoridade). Colocar-se à altura das crianças é um símbolo de pedagogia moderna, já que permitirá a reflexão[14] e uma nova relação. Uma relação e um comportamento que não é de luta e confrontação, uma vez que a luta professor-discípulo leva à vigilância, à autoridade e à disciplina. Voltando-nos para Foucault, ele afirmará, anos mais tarde, que o castigo e a vigilância são poderes destinados a educar (adestrar) as pessoas a fim de que executem normas, leis e exercícios de acordo com a vontade de quem detém o poder.[15]

Cartaz do filme L'école buissonnière (1949)

Freinet conclui a invariante transcrevendo, por meio de um texto, uma passagem da comédia *Intermezzo*, de Girandoux,[16] escrita em 1933. Mostram-se nessa passagem a indignação e o desconcerto de um inspetor de escola ao encontrar uma sala de aula ao ar livre. Com a ausência de referências (paredes, estrados, etc.), ele considera que dessa forma a criança, além de ter dificuldade para enxergar, a autoridade do professor é diminuída. O inspetor chega à seguinte conclusão: "Um professor que trabalha ao ar livre coloca em evidência que é menor do que uma árvore, menos corpulento do que um boi e menos móvel do que uma abelha, e dessa forma, sacrifica a maior parte de sua dignididade".

Ainda se mantém o estrado? A mesa do professor continua mais alta que a dos alunos?

TESTE (adaptação própria)	
Não tenho estrado e utilizo a mesa para colocar coisas.	Verde
Tenho estrado, mas a mesa está fora dele, na altura das crianças.	Amarelo
Tenho estrado com a mesa mais alta e o utilizo de forma assídua.	Vermelho

Invariante nº 3: O comportamento escolar de uma criança depende de seu estado fisiológico, orgânico e constitucional

Nesta invariante, Freinet emprega um vocabulário que hoje já não é "politicamente correto", uma vez que fala de "taras", "deficiências" e "perturbações". Mas iremos deixar de lado esses predicativos, produtos da época, e vamos nos voltar para sua análise.

Nesta invariante Freinet é precursor do que posteriormente será denominado *ambiente no qual a criança vive* e que será fundamental em toda a concepção do último terço do século XX.

Zapata (1989, p. 35) afirma:

> Freinet se opõe à escola separada da vida, isolada dos fatos sociais e políticos que a condicionam e determinam; ele parte de uma pedagogia unitária e dinâmica, que relaciona a criança com a vida; com seu meio social e com os problemas que enfrenta, tanto os pessoais como os de seu contexto.

O debate sobre a determinação do que pode ser atribuído às estruturas e funções biológicas, que são determinadas geneticamente, e o que corresponde às condições de vida e educação, tem sido recorrente no estudo sobre o desenvolvimento da criança. Atualmente, a tendência predominante é admitir ambas as influências, a de herança e a do meio, do hereditário e do adquirido (consulte autores como Piaget[17] e Vigotsky[18]).

Freinet não se interessa por este tema do ponto de vista psicobiológico, mas sob uma ótica mais vitalista. Para ele, é fundamental transmitir aos professores a ideia de que a saúde da criança é essencial para

Lev Semionovitch Vigotsky   Jean Piaget

que ela aprenda. Ele quer nos dizer que antes de julgar uma criança, o professor deve comprovar se seu comportamento é produto de sua malícia ou se deve, ao contrário, a problemas de saúde, de equilíbrio, de dificuldades em seu meio, entre outros. Compreender e interpretar tudo isso melhorará o clima das salas de aula e o professor se tornará um ser mais racional e humano.

A preocupação com a educação da saúde do aluno será um tema recorrente na metodologia Freinet, ao ponto de se distanciar do movimento da Escola Nova por considerar que ela não se preocupava o suficiente com a saúde da infância. Essa afirmação de Freinet é exagerada e acreditamos que pouco consistente, já que um dos princípios fundamentais da Escola Nova é transformar a criança no centro do processo de ensino e aprendizado, ao contrário do que a pedagogia anterior fazia.

Para finalizar essa invariante, não podemos deixar de assinalar que ainda hoje existem muitos problemas de saúde infantil. Em numerosas áreas do planeta existem problemas para encontrar vacinas contra a poliomielite, suplementos de vitamina A e imunização infantil básica.

Aranzábal (2004, p. 105) afirma:

> Até o fim do século XIX, em Nova York, na Grã-Bretanha ou na Suécia, morriam mais de 100 crianças para cada mil recém-nascidos, ou seja, o mesmo número que temos hoje em regiões subdesenvolvidas.
>
> Sabemos também que as causas eram essencialmente as mesmas que as de hoje no Terceiro Mundo: doenças respiratórias (tuberculose, pneumonia ou coqueluche), diarreia, sarampo e inclusive malária e lepra, nos países bem ao norte como Escócia e Canadá. A mortalidade estimada no

ano de 2000 (trata-se dos dados recentes mais confiáveis) é de 10,8 milhões de crianças com menos de cinco anos; entre elas, 41% são de países subsaharianos e 34% do sul da Ásia. Diz-se mortalidade estimada pois varia dentro de cada país (a Índia tem regiões com 18 e outras com 170 mortes para cada mil nascidos), pois alguns países não têm nem sequer dados e 33% de todos os nascimentos, ou seja, 40 milhões de nascimentos ao ano, não são registrados.

Cuidemos das crianças, melhoremos seu estado de saúde e sua educação (seu aprendizado, seu comportamento, seus conflitos, etc.). Quanto mais altas forem a autoestima da criança e a saúde mais elevado será seu rendimento e mais baixa sua inquietude.

TESTE (adaptação própria)	
Levo em conta o contexto dos meus alunos.	Verde
Considero às vezes a importância do contexto.	Amarelo
Todas as crianças são iguais, não importa a situação.	Vermelho

II AS REAÇÕES DA CRIANÇA

As invariantes a seguir são fundamentadas na pedagogia de John Dewey[19], sobretudo no conceito de *experiência* e *observação* que, para esse autor, são os melhores recursos que os seres humanos possuem para aprender.

Também se observa nessas invariantes a influência da leitura do filósofo do século XVIII Jean-Jacques Rousseau[20]. Devemos lembrar que Rousseau sustentava que não se deve exigir que as crianças façam nada por obediência e que elas somente podem aprender quando têm muito clara a utilidade do aprendizado, se essa utilidade é real e presente. Rousseau falava do interesse imediato como elemento fundamental para o aprendizado.

John Dewey (1859-1952)

Seguindo Rousseau, Freinet considerava que o texto deve ser, antes de tudo, o produto de uma vontade de comunicação. Neste sentido, a leitura é inseparável da escrita, mas a escrita de palavras e frases com significado, não de sons abstratos. Disso surgirá o método global aplicado por Freinet nas salas de aula.

A seguir, as invariantes desta seção serão expostas e analisadas.

Jean-Jacques Rousseau (1712–1778)

Invariante nº 4: Ninguém gosta de receber ordens autoritárias; a criança não é diferente do adulto nisso

Ninguém gosta de ser mandado de modo autoritário. Ninguém gosta de entrar na fila. Ninguém gosta de fazer um trabalho forçado. Ninguém gosta de agir de forma mecânica, de se dobrar perante pensamentos que não compartilham. A criança não gosta de escutar uma lição *ex catedra*. Ninguém gosta. Freinet tem razão.

Toda ordem ditada de um modo autoritário é um erro. A autoridade por si mesma gera um espírito autoritário. Aprende-se a ser autoritário quando já se sentiu na própria pele a aplicação de uma norma sem sentido, uma autoridade pelo mero prazer de mandar em alguém.

Para Freinet, o professor deve buscar uma pedagogia que ajude o aluno a fazer escolhas. É preciso dar voz à criança, deixando com ela, individual e cooperativamente, a máxima iniciativa possível no marco da comunidade. A pedagogia, quando é autoritária, não é pedagogia, é instrução, autoritarismo.[21] Não obstante, isso não quer dizer que a ordem e a disciplina não sejam necessárias nas salas de aula; elas são, mas devem ser adotadas por todos, e não impostas. Freinet exerce aqui um papel similar ao que se poderia denominar uma redução moralista, já que está convencido de que sua metodologia é eticamente superior. Assim, ele se afasta do pensamento libertador[22], uma vez que é partidário de colocar limites e não defende que um professor tenha o destino de seus discípulos sob seu livre arbítrio.

Freinet parte do pressuposto de que o mandato autoritário é sempre um erro. Ele propõe, como alternativa, o princípio de dar voz a todos, de compartilhar (princípios que desenvolve na prática com base em sua proposta de cooperativa escolar). Freinet afirma:

> É o que a nossa pedagogia trata de fazer, dando ao máximo a palavra à criança, permitindo que ela tenha uma iniciativa máxima dentro do quadro da comunidade, de forma individual e cooperativa, esforçando-se mais em prepará-la do que em dirigi-la.

Hoje, poderíamos concluir com Freinet que participar é, também, dialogar, ser ouvido e consultado, contribuir à tomada de decisões. E tudo isso leva à própria autorregulação[23].

Contudo, com essa invariante Freinet não pretende fazer um discurso filosófico sobre a autoridade e o autoritarismo, mesmo que em sua explicação ele utilize um símile de que ninguém gosta de ser empurrado e que resistimos quando alguém o faz, ou inclusive fale da existência de um reflexo fisiológico e psicológico a respeito. A intenção de Freinet é nos convencer do quão útil a prática pedagógica de uma de suas técnicas pode ser neste sentido: os planos de trabalho.[24]

Trata-se de que as crianças possam escolher entre diversas tarefas ou trabalhos e possam realizá-las na ordem que desejam, sem serem empurradas de maneira autoritária toda vez que uma tarefa for imposta. O plano de trabalho é a ocupação, a tarefa escolhida, a opção de poder escolher e se organizar de uma maneira pessoal, e não o mandato, o que gera a autodisciplina.

Aprofundando-se na relação autoritarismo-educador, anos mais tarde Paulo Freire[25] (1993) afirmou: "É importante que o educador não seja autoritário, que não pense que na relação educador-educando o único que educa é ele mesmo". Freire e Freinet têm razão: o que educa é o contexto, as relações, os companheiros, a vida, etc.

As quatro invariantes que seguem são complementares; todas elas tratam do tema da imposição da autoridade arbitrária por parte do professor. Elas matizam e ampliam a anterior. A seguir, as comentaremos mais brevemente.

TESTE (adaptação própria)	
A turma estabelece normas democráticas aceitas por todos.	Verde
Mesmo dando espaços de liberdade, mantemos a autoridade.	Amarelo
É preciso manter a autoridade na sala de aula, já que as crianças necessitam de disciplina e esta é a única maneira de mantê-la.	Vermelho

Invariante nº 5: Ninguém gosta de se alienar, porque isso significa obedecer passivamente a uma ordem externa

Essa invariante é uma consequência, ou melhor, uma continuação da invariante anterior. De acordo com Freinet, ela deriva da precedente. Na explicação da invariante, Freinet argumentava que existem disciplinas necessárias para o funcionamento da vida social (as horas das refeições, os horários dos trens, da saída e entrada na sala de aula, etc.). Quando se explica a uma criança a necessidade destas disciplinas, elas compreendem perfeitamente, as aceitam, as praticam e inclusive, "as organizam por si próprias se sentem a necessidade", assinala Freinet, para quem "essa é a disciplina que devemos buscar": uma disciplina que não dificulta as relações entre aluno e professor. Vemos aqui um Freinet nada revolucionário contra a ordem social (recordemos que Freinet possuía uma ideologia próxima ao comunismo e não ao anarquismo).

No entanto, Freinet nos alerta de que "a obrigação perigosa é aquela que os alunos veem como supérflua, como símbolo do prazer nocivo do adulto que quer demonstrar sua autoridade soberana".

É interessante ver como Freinet expressa aqui sua experiência nas Guerras Mundiais. Ele questiona a artificialidade da ordem militar (qualifica a disciplina militar como "oposta às regras da vida e ação"), e assinala que quando há guerra, esta disciplina artificial se *reduz* ou *desaparece*, e coloca como exemplo a atividade dos *maquis** na clandestinidade, movimento no qual ele mesmo participou e liderou: "aqueles soldados sem uniforme e disciplina exterior souberam respeitar a mais eficiente das disciplinas: a da ação", assinala Freinet. As duas guerras mundiais, o fato de ter pertencido aos *maquis* ou à "Guerra Fria", também influenciaram seu pensamento, e muito. Como todo ser humano, as experiências marcam os pensamentos e os desejos.

Concluindo, ao longo da invariante, Freinet justifica a necessidade de que exista uma certa disciplina[26] para a convivência (hoje o discurso falaria de disciplina, convivência, autoridade e democracia).[27] Mas uma disciplina compreendida, aceita e praticada, que os alunos sintam como necessária, e que ele denomina *cooperação organizada* (recordemos que a cooperação é uma finalidade básica na pedagogia Freinet). É a disciplina necessária na hora de entrar na sala de aula, do silêncio durante o trabalho, etc. Portanto, seu discurso leva a recusar toda disciplina que

---

* N. de R.T.: Grupos de guerrilha rural (resistência francesa).

não seja necessária para as crianças. Assim como é, ou era, a disciplina de "as letras entram por goela abaixo". No parágrafo final da invariante, Freinet resume sua filosofia: "Pode existir ordem e disciplina sem a autoridade embrutecedora da qual são símbolos as filas no pátio, as ordens com apitos e os braços cruzados".

Assim, Freinet diz (nas palavras atuais) que a "disciplina", no seio do grupo escolar, deve servir para promover os valores positivos de convivência e deve ditar os princípios da educação, e não ao contrário, para criar um ensino que prepare para a convivência democrática.

TESTE (adaptação própria)	
Não formamos filas, nem assopramos apitos ou utilizamos ordens autoritárias.	Verde
Reduzo as ordens às situações extremas, mas não formo filas para entrar na sala de aula nem uso apito.	Amarelo
A autoridade é importante e as crianças precisam de disciplina, necessitam seguir uma ordem estrita estabelecida pelos adultos.	Vermelho

Invariante nº 6: Ninguém gosta de ser obrigado a fazer determinado trabalho, mesmo quando este trabalho em si não lhe desagrade particularmente. É a compulsão[28] o que paralisa

Nesta invariante, Freinet volta a tratar o tema do autoritarismo na escola[29] (no semáforo freinetiano aparecem como exemplo de autoridade as alienações e os braços cruzados). Para ele, a imposição mediante a "ordem brutal", que obriga a criança à obediência passiva, vai contra as necessidades da ordem, que manterá uma oposição e acabará recorrendo, finalmente, à autoridade se não quer ser rotulada como inadequada. Esta oposição, de acordo com Freinet, fará com que as atividades escolares sejam catalogadas de maléficas e o resultado é que se esqueça o que foi aprendido e que surjam fobias e complexos graves.

Freinet prefere usar a palavra autoritarismo (como a falta de consenso, a irracionalidade e a falta de fundamentos nas decisões), sem contrapô-la ao conceito de *antiautoritarismo*, ligado às ideias anarquistas e libertárias. A palavra "antiautoritarismo" costumava ser usada nessa época como sinônimo de libertador ou anarquista e ele evita ser classificado como libertário, pedagógica e politicamente. Nisto ele coincide com Makarenko (1933, publicado em espanhol em 1977) ao afirmar:

A disciplina não é um método e nem pode sê-lo. Quando se começa a entender a disciplina como método, ela obrigatoriamente se transforma em uma maldição. A disciplina somente pode ser o resultado final de todo um esforço.

É verdade que hoje o conceito de imposição disciplinar mudou, mesmo que a escola não deixe de impor certos moldes. A introdução da diversidade, da inclusão, tem favorecido um maior respeito às idiossincrasias pessoais. Não obstante, a homogeneização das salas de aula na escola não pode evitar a imposição de certos aspectos e continua vigente, não tanto a ordem brutal como argumenta Freinet, mas a uniformização de certas normas e processos. A ruptura da homogeneização por idade, por exemplo, deveria ser uma alternativa a ser proposta. Algo tão natural na escola de Freinet, nas escolas rurais, na uniformidade da escola atual, é um debate difícil de ser proposto.

Recordemos que a pedagogia tradicional sempre empregou a negação e a hierarquia no nível individual e a homogeneidade e a graduação como estratégias no âmbito do grupo. Freinet iniciou o que mais adiante fora se estendendo como

Uma turma Freinet em 1964

uma pólvora pedagógica, que é trabalhar nas salas de aula as diversas habilidades da criança com respeito ao ambiente e à diversidade. E quando se introduz no discurso educativo o contexto dos alunos, dos professores e da escola, e o respeito à diversidade dos indivíduos, aparece uma nova abordagem para mirar os processos educativos.

TESTE (adaptação própria)	
Busco alternativas que não sejam autoritárias para que os alunos valorizem e respeitem o trabalho que realizamos em sala de aula.	Verde
Reduzo as ordens autoritárias.	Amarelo
Os alunos vão à escola para trabalhar e é preciso que se imponha uma disciplina.	Vermelho

> **Invariante nº 7:** Todos gostam de escolher seu próprio trabalho, mesmo que a escolha não seja a melhor

Nessa invariante, Freinet já não quer mais tratar o tema da autoridade, mas da liberdade da criança: "dê às crianças a liberdade para escolher seu trabalho, decidir o momento e o ritmo deste trabalho, e tudo mudará". De uma maneira metafórica, ele se refere ao artesão que prefere viver escolhendo sua vida do que ser um operário em uma fábrica, mesmo que ser artesão suponha mais esforço e fadiga.

Freinet defende nesta invariante as fichas de autocorreção de cálculo[30] e o texto livre na língua materna[31]. Não se quer que a criança fique entediada em uma escola tediosa para ter um trabalho chato e uma vida chata. A liberdade, para fazer escolhas em um clima agradável, será um conceito-chave nas ideias de Freinet (também defendida pelos antiautoritários e libertadores).

Freinet não aposta na liberdade de que cada um faça o que quiser, e sim na liberdade que se obtém com um clima de trabalho cooperativo, no qual os alunos escolhem, entre várias propostas de trabalho, a que eles consideram mais adequada. Tampouco se trata de que o professor não possa indicar a realização de fichários ou textos, algo perfeitamente normal dentro da atividade em sala de aula. Freinet propõe a liberdade como guia. O que Freinet defende nessa invariante é o direito à escolha como princípio, como base, e não necessariamente em cada exercício ou atividade concreta. E isto se reflete claramente no primeiro item de seu teste--semáforo, no qual ele descreve: "organizar--se e prever técnicas para que a criança tenha sempre a impressão de escolher seu trabalho".

Mais adiante, Paulo Freire abordará e ampliará este tema em seu precioso texto *A educação como prática de liberdade* (Freire, 1967), no qual ele nos dirá que a prática da liberdade somente encontrará sua expressão adequada em uma pedagogia na qual o oprimido tenha condições de se descobrir e se conquistar, refletivamente, como sujeito

Jean Paul Sartre
(1905–1980)

de seu próprio destino histórico. A liberdade é patrimônio e finalidade da educação. Quanto mais livres formos, menos dependentes seremos do poder econômico, político e social. Nas palavras do filósofo francês Jean Paul Sartre[32]: "O homem nasce livre, responsável e sem desculpas".

TESTE (adaptação própria)	
Aplico uma metodologia de trabalho que permite aos alunos escolherem temas, etc.	Verde
Faço-o em áreas instrumentais.	Amarelo
Não consulto os alunos para nada. Eles fazem os trabalhos que mando.	Vermelho

Invariante nº 8: Ninguém gosta de trabalhar sem um objetivo, de agir como um robô; ou seja, de atuar e estar preso a pensamentos inscritos em rotinas nas quais não participa

Nesta invariante – que deriva das anteriores – levando em conta as condições do trabalho escolar daquela época, Freinet evidencia a dificuldade em substituir o trabalho escolástico[33] por atividades motivadoras "que são a razão de ser de nossa pedagogia". Aqui Freinet defende a motivação infantil por meio da iniciativa própria, da liberdade e do trabalho ligado à vida, como razão fundamental da nova pedagogia.

Contudo, entre as atividades motivadoras do aprendizado ele não contempla plenamente o jogo (ele mesmo assinala: "ao contrário do que os psicólogos dizem"). Para Freinet, o jogo não é uma atividade natural, mas uma *Ersatz*[34], um substituto artificial do trabalho com sentido, o qual defende para motivar o aprendizado. Não se trata de eliminar o jogo, mas de organizá-lo para contribuir no desenvolvimento de qualidades, sem limitá-lo ou forçá-lo a ser um mero prazer infantil.

Freinet desenvolve o conceito de trabalho-jogo como duas funções próprias do ser humano que buscam satisfazer as necessidades vitais. Quando ele critica os "psicólogos", o faz porque naquela época se tratava o jogo como jogo, e Freinet afirma que a criança deve se sentir feliz e curiosa em relação ao seu aprendizado (a qual exige, para seu desenvolvimento, uma harmonia entre o trabalho e a vida). Para Freinet, o jogo é uma atividade lúdica motivacional que ajudará o aluno no trabalho quando ele se tornar adulto. Hoje, isso é aceito por todos.

Enfim, Freinet afirma que se a criança tem atividades de jogo--trabalho que lhe interessam, isso marcará os fundamentos de sua atividade adulta denominada *trabalho*. Freinet definirá que:

> O jogo-trabalho não seria, pois, mais que um paliativo instintivo à impotência na qual a criança se encontra para satisfazer uma necessidade imperativa. Na falta de um trabalho verdadeiro, do trabalho-jogo, a criança organiza um jogo-trabalho que tem todas as características do segundo, no entanto, com um pouco menos desse espírito superior derivado do sentimento da utilidade social do trabalho, que eleva o indivíduo à dignidade de sua condição eminente.[35]

TESTE (adaptação própria)	
Utilizo uma metodologia por meio da qual dou liberdade, respeito e motivo a criança.	Verde
Utilizo atividades que parecem livres e motivadoras, mas não o são totalmente.	Amarelo
Imponho tudo.	Vermelho

Invariante nº 9: É preciso que motivemos o trabalho

Na invariante anterior, Freinet nos disse que a motivação era a parte fundamental de sua pedagogia. Nesta, ele nos diz que tira suas conclusões das invariantes anteriores. Ele desenvolve com maior profundidade sua ideia nesta invariante, e o faz por meio de uma história já publicada em *Los dichos de Mateo*[36]. O texto é o seguinte:

O trabalho que ilumina

Não há dúvida de que existem enxadas, arados e equipamentos mecânicos perfeitos que removem o solo e semeiam sem que você tenha de usá-lo de acordo com a aridez dos campos cultivados. Porém gosto, quando preparo um semeador, de controlar a terra com minhas mãos e separar amorosamente as pedras, como se estivesse afofando o berço de um bebê.

Portanto, o mesmo trabalho pode ser uma tarefa cansativa e pesada ou libertadora. Não se trata de algo novo, inovador, mas de iluminação e fecundidade.

Você sabe o que acontece no quartel quando se trata de varrer? Existe uma arte – da qual a escola tornou tradição – de agir o mais lentamente possível, contudo, sem parar de traba-

continua

lhar. Trata-se do "stakanovismo"* invertido. Quando se trata de pegar a vassoura para varrer é ainda pior: todos os recrutas são mancos. Às vezes o próprio cabo tem de assumir a tarefa. Depois, o soldado parte com permissão para visitar sua jovem esposa. Preparar a sopa, descascar as batatas, e até varrer, tudo se transforma em um prazer cujo privilégio exige. A cansativa tarefa da manhã se transformou em uma recompensa.

O mesmo acontece na escola, onde certos trabalhos feitos pela tradição amanhã serão buscados como atividades novas que vocês considerarão exclusivas. Não busquem novidades; o mecanismo mais perfeito cansa se não atende às necessidades profundas do indivíduo. No conjunto, sempre crescente, das atividades oferecidas, escolham primeiramente as que iluminam sua vida, as que dão sede de crescimento e conhecimento, as que fazem o sol brilhar. Editem um jornal para praticar a correspondência, coletem e classifiquem documentos, organizem o tateamento experimental, o qual será a primeira etapa da cultura científica. Deixem que os casulos se abram, mesmo que certas vezes o orvalho os molhe.

O resto virá naturalmente.

Para Freinet, a motivação[37] dos alunos é fazer um "trabalho animado" e ele emprega uma expressão que hoje não utilizaria: "um trabalho de marido carinhoso". Nos parágrafos seguintes, ele identifica o trabalho animado em sala de aula como elaborar textos livres para o jornal ou a correspondência escolar, imprimir, desenhar, pintar, preparar uma palestra, etc. (veja suas técnicas).

É evidente que a motivação da criança constitui um dos componentes que influenciam o aprendizado. Porém, a motivação escolar comporta uma inter-relação complexa de processos (cognitivos, afetivos ou sociais, entre outros) entre aluno e professor. Para isso será necessário dar importância ao que se aprende, partir das experiências do contexto e das crianças.

Freinet tem razão quando defende a indução da motivação por meio do trabalho, conferindo-lhe significado para que as crianças vejam a necessidade do trabalho que deverá ser realizado, assim como sua utilidade. Este aspecto será redundante em suas invariantes. Assim, é inegável que, por meio do trabalho visto como um jogo, a criança se motive, compartilhe, aprenda e se desenvolva física e psicologicamente.

A motivação infantil será um tema muito trabalhado posteriormente (autores como Maslow[38], Herzberg[39], Vroom[40], Schein[41], etc., tratarão dela). Será destacada sua importante relação com o autoconceito e

---

*N. de R.T.: Stakanovismo: Movimento cujo nome refere-se ao mineiro russo Alexei Stakanov e diz respeito ao movimento para elevação do rendimento e produtividade do trabalho no processo de consolidação da Revolução Russa, na década de 1930.

a autoestima da criança, aspectos fundamentais na educação e no desenvolvimento da infância, no seu aprendizado e nas relações sociais.

TESTE (adaptação própria)	
Os alunos são motivados pelo trabalho que executam.	Verde
Atividades mistas de trabalho livre e rotineiro.	Amarelo
Trabalho rotineiro e imposto.	Vermelho

Invariante nº 10: Chega de escolástica[42]

Nesta invariante, Freinet se volta contra a escolástica afirmando que ela é utilizada na escola e não na vida. Na pedagogia, o fato de estabelecer um paralelismo entre a vida e a escola é e sempre foi um tema recorrente, mas nas discussões pedagógicas do século XX foi um dos temas mais importantes. A escola serve para a vida? A vida entra na escola? Trata-se de dois mundos diferentes? A última pergunta evidencia e distância enorme entre o mundo escolar e o mundo da vida real. Há um mundo escolar com suas normas, seus regulamentos, suas obrigações e suas próprias atividades e há outro mundo exterior muito diferente, mesmo que também tenha normas e obrigações. A escola é um mundo artificial com seus livros, suas paredes, seus estrados, seus deveres de casa, etc. Hoje esta análise é mais importante do que nunca, uma vez que temos crianças inseridas na nova sociedade da informação e do conhecimento, um ambiente (não somente tecnológico, mas também social) que muitas vezes pouco tem a ver com o que é feito na escola. O debate está aberto, embora talvez não esteja tão embasado na natureza externa da escola como Freinet pretendia.

No entanto, ele trata esse tema, naturalmente, sob a ótica de sua época. Freinet associa a escolástica com a obrigação de realizar um trabalho imposto e o medo de que, ao se abrirem as portas da sala de aula, as crianças escapariam. Para ele, a escola tradicional é uma jaula dentro da qual tudo o que é formal (escolástico, como ele mesmo afirma) é forçado e artificial, ao contrário do que seria uma confiança embasada na natureza. Está próximo ao "rousseaunismo" e também a uma sabedoria camponesa que se vislumbra em toda sua obra, resultado do contato permanente com a natureza, que crê na virtude do trabalho bem feito, se alimenta do calor humano das pequenas comunidades, e ama acima de tudo a liberdade acompanhada de certo orgulho baseado na retidão, abnegação e seriedade.[43]

TESTE (adaptação própria)	
Os alunos trabalham sem se dar conta do tempo.	Verde
As condições da escola e do meio impõem certa escolástica.	Amarelo
A autoridade do professor predomina.	Vermelho

Invariante nº 10 *bis*: Todo indivíduo quer sair vitorioso. O fracasso é inibidor, destruidor do ânimo e do entusiasmo

O argumento de Freinet é que a escola tradicional se baseia no fracasso[44]. Ela foi pensada para aqueles que conseguem ir adiante e para aqueles para os quais o simples fato de obter boas qualificações é estimulador. Ele critica as anotações em vermelho dos professores e a obrigação de repetir as tarefas escolares, já que tudo isso desanima os alunos. Trata-se do papel do professor-censor, o professor repressor. Freinet propõe outro tipo de professor. O professor deve ser uma ajuda para organizar a escola na qual as crianças tenham sucesso sempre, e não uma escola que destaque o fracasso. Os trabalhos escolares, as aulas expositivas, a participação em atividades de sala de aula, podem ajudar nisso. Freinet propõe estimular os alunos e parte do pressuposto de que as técnicas de sua pedagogia resultem em trabalhos feitos com amor. A ideia que aparece no final da invariante e que fala de um educador eminentemente auxiliar é interessante, o qual hoje poderia ser denominado *mediador*. Para Freinet, o castigo é sempre um erro, já que é humilhante e não alcança o objetivo que pretende. Ele estará à frente de sua época ao mostrar a importância, na educação da família, da estimulação, das expectativas positivas em relação à criança, da sua autoestima e capacidade de obter sucesso perante qualquer tarefa. Freinet também condenará as notas e as classificações, propondo alternativas como o plano de trabalho.

Sobre as expectativas no âmbito educativo, é importante que façamos referência ao efeito chamado *Pigmalião* (Sánchez e López, 2005). Esse efeito tem sua origem em um mito grego (aparece na obra *As Metamorfoses de Ovídio*). Um escultor chamado Pigmalião se apaixonou por Galateia, uma de suas criações. Sua paixão pela escultura chegou a tal ponto que ele a tratava como se fosse uma mulher de verdade, como se estivesse viva. A escultura adquire vida por obra de Afrodite, depois de um sonho de Pigmalião, ao ver o amor que ele sentia pela estátua, que representava a mulher de seus sonhos.

Daqui surge o conceito *efeito Pigmalião*, empregado quando alguém acaba se tornando aquilo que se espera dele, respondendo assim às expectativas do outro.

Rosenthal e Jacobson estudam o efeito Pigmalião sob a perspectiva da teoria da profecia autorrealizada. Os professores têm expectativas sobre o comportamento em sala de aula de diversos alunos e os tratarão de forma diferente de acordo com tais expectativas. É possível que os alunos considerados mais capazes recebam dos professores mais estímulos, tempo para resposta, etc. Estes alunos, ao serem tratados de um modo distinto, respondem de maneira diferente, confirmando assim as expectativas dos professores e proporcionando respostas certas com mais frequência. Se isto é feito de uma forma contínua ao longo de vários meses, conseguirão melhores resultados escolares e melhores qualificações nos exames. Os alunos que o professor pensa serem mais inteligentes estão mais motivados e, por outro lado, os alunos que considera menos inteligentes se mostram desmotivados. E aí aparece o fracasso escolar.

A reprovação será um dos temas que, após as invariantes, será bastante analisado no âmbito da educação, mediante uma diversidade de estudos e publicações. Este tema ainda é atual, com visões controversas, já que mesmo hoje a reprovação do aluno é determinada unicamente pelas suas qualificações, às vezes sem levar em conta os componentes do sistema educativo (horários, financiamento da escola, formação docente, entre outros) ou os fatores socioeconômicos. Também sabemos que quanto mais baixo é o nível socioeconômico, maior é a probabilidade de reprovação em termos escolares.

TESTE (adaptação própria)	
Exerce-se uma pedagogia da aprovação.	Verde
Tenta-se que os alunos não sejam reprovados.	Amarelo
Exerce-se uma pedagogia da reprovação.	Vermelho

Invariante nº 10 *ter*: O jogo não é o natural na criança, e sim o trabalho

Já tratamos deste tema em outras invariantes. Aqui, Freinet já se posiciona totalmente sobre a relação jogo-trabalho. Nesta invariante, ele afirma que "nossa pedagogia é justamente uma pedagogia do trabalho" e critica seus contemporâneos "modernos" que não empregam instrumentos de trabalho com os alunos, mas jogos. Para Freinet, o aluno deve trabalhar, porém ele não se refere a um trabalho de deveres e exercícios, mas a um trabalho "natural, motivado e exaustivo". Freinet quer dizer que suas técnicas são instrumentos de trabalho e não jogos escolares. Joga-se trabalhando e se trabalha jogando. Ao longo do século XX, foi desenvolvido o conceito de *pedagogia do trabalho.* Autores como Jean Piaget, Vigotsky ou Ausubel[45]

David Paul Ausubel

(dificilmente conhecidos por Freinet, já que suas contribuições chegaram na Europa na década de 1960) reconhecem no "fazer" um recurso valioso para o ensino, dado que os conhecimentos tangíveis são mais bem aproveitados pelo educando do que os simbólicos. Destes autores parte a ideia de que os conceitos aprendidos por um indivíduo são vinculados por meio de relações, formando sua estrutura cognitiva em forma de rede. É mediante o trabalho que se constrói de maneira eficiente a rede de conhecimentos do aluno, sempre iniciando de um diagnóstico dos interesses, das motivações e dos conhecimentos que os alunos trazem consigo. É a partir destas premissas que se pode provocar-motivar a necessidade de aprender sobre um tema, que se ensinará abordando por meio do trabalho. É preciso reconhecer que Freinet, junto com John Dewey, é um dos poucos autores que no início do século XX reconhecem a importância da psicologia social e o papel da linguagem nos processos educativos.

O processo de aquisição de conhecimentos não é produzido por meio da razão, mas mediante a ação, a experiência e o exercício (o que poderíamos denominar *pedagogia da ação* e, posteriormente, *teoria da ação educativa*[46] e atualmente com o renascimento da *pedagogia sistêmica*).[47] Esta ação, que se denomina *trabalho,* ou *educação pelo trabalho,* é o objetivo que a escola deve alcançar. Este trabalho escolar deverá estar adaptado e responder às necessidades essenciais da criança, o que deverá ser, em todos os casos, um trabalho-jogo. Este último consiste em uma atividade que integra os dois processos e responde às múltiplas necessidades e exigências da criança:

> Existe um jogo, por assim dizer, funcional, que se executa no sentido das necessidades individuais e sociais da criança e do homem, um jogo que lança suas raízes no nosso passado remoto mais profundo e que, indiretamente, quem sabe, continua sendo uma espécie de preparação para a vida, uma educação que prossegue misteriosa, de modo instintivo, não no modo analítico, racional e dogmático da escolástica, mas com um espírito, uma lógica e um processo que parecem específicos da natureza da criança. Este jogo é sentido como essencial tanto para um filhote de animal como para um do ser humano e é, sem dúvida, trabalho, ainda que o trabalho da criança, cujo fim nem sempre captamos e que de modo algum reconhecemos, pois é menos trivial e menos utilitário do que imaginamos do trabalho comum. Para a criança, tal trabalho-jogo é uma espécie de exploração e liberação, como a que nos dias atuais o homem sente quando consegue se entregar a uma tarefa profunda que o anima e exalta. (Freinet, 1967)

Para Freinet esta é uma invariante fundamental. Para ele, não é o jogo, e sim o trabalho que anima, que é o motor da vida na infância e uma fonte de dinamismo individual e social. Atualmente, muitas escolas, sobretudo infantis, empregam o jogo como Freinet pretendia.

Este princípio diferencia Freinet dos pedagogos e psicólogos de sua época, que consideravam o jogo como uma atividade natural da criança. Para Freinet, a escola deve permitir que a criança experimente ferramentas e técnicas de trabalho. Para ele, o trabalho da criança não é aquele imposto pelo adulto, mas as atividades que respondem às suas necessidades e satisfazem seu desejo de curiosidade, crescimento e conquista.

TESTE (adaptação própria)	
Realiza-se uma escola do trabalho.	Verde
Há deveres e trabalho.	Amarelo
Não há técnicas de trabalho.	Vermelho

III AS TÉCNICAS EDUCATIVAS

Invariante nº 11: A via normal da aquisição não é de modo algum a observação, a explicação e a demonstração, um processo essencial da escola, mas o tateamento experimental, via natural e universal[48]

Nesta invariante, a explicação teórica, predominante na escola tradicional, é criticada como um ensino superficial e formal, que é aquele avaliado pelos exames tradicionais, que não se foca nas pessoas nem em seu meio e se trata de uma experiência absolutamente dependente dessa explicação.

O fato de que a invariante apresente uma crítica à observação pode surpreender, já que a observação é um dos componentes metodológicos da Escola Nova. Nos centros de interesse de Decroly o processo inicia, precisamente, pela observação. Segundo este autor, por meio da observação direta as qualidades sensoriais dos objetos são descobertas: se apalpa, pesa, cheira, etc. E tudo isso é o início do método científico. A crítica de Freinet é a observação passiva por parte da criança do que o professor realiza. Uma observação deste tipo anula o processo metodológico ativo. Todavia, Decroly nunca defendeu a observação passiva.

Nesta invariante, Freinet empregará, como tantas vezes, uma metáfora naturalista:

> É como os brotos que surgem prematuramente em uma árvore que acaba de ser plantada, dando por um instante a ilusão da vida. Se as raízes, ainda não adaptadas ao meio, não trazem a seiva indispensável, a planta seca, devido à falta do alimento substancial.

Freinet critica, portanto, o processo de observação, explicação e demonstração habitual das lições tradicionais. Pelo contrário, ele desenvolve o conceito de *método natural* baseado no tateamento experimental, que é onde se quer chegar. O tateamento experimental consiste em uma repetição da ação com uma graduação de conhecimentos para se superar, progredir e aprender coisas novas. A ação volta a aparecer, é a base da inteligência. Baseando-se na ação natural do aprendizado da fala, do caminhar, etc., por tateamento experimental, Freinet elaborará seu método natural de aprendizado da leitura e escrita. Aprender na escola como se aprende na vida. É simples assim.

O método natural do tateamento experimental que Freinet desenvolve parte do entendimento do aluno como um ser que conta com uma série de conhecimentos e experiências prévias[49] ao ingresso escolar e que sua tendência natural é a ação, criação e expressão espontânea em um marco de liberdade. Para Freinet, o aprendizado é alcançado por meio da atividade específica (ler se aprende lendo ou escrever se aprende escrevendo, etc.). Além disso, a exploração livre[50] facilita para que a criança tenha seu próprio ritmo de aprendizado.

Jiménez (1996, p. 54) afirmará:

> Este método interpreta como o aluno adquire os conhecimentos e as habilidades – como andar ou manejar objetos e ferramentas de uma forma natural. Segundo Freinet, deduz-se que o processo de aprendizado escolar deve partir dos interesses, das necessidades e do estágio de desenvolvimento do aluno. Dessa forma, Freinet afirma que os primeiros conhecimentos são adquiridos pelo ser humano por meio do tateamento mecânico, que ocorre de maneira inata devido à necessidade de sobrevivência. Logo, afirma que a interação destes tateamentos origina uma experiência que forma um novo nível. Freinet sugere três etapas da evolução ativa que se dão antes da idade escolar:
>
> • Um primeiro período de prospecção por *tateamento*. Dura até os dois anos de idade. É a etapa na qual a criança experimenta, busca, examina, prova e se familiariza com o ambiente. Nessa etapa, a criança quer e se conforma em conhecer pelo mero prazer de conhecer; assim, por exemplo, pode ter curiosidade por uma pedra e observá-la.
>
> • Um segundo período que denomina instalação. Este período dura dos dois aos quatro anos de idade. Nesta etapa, a criança já adquiriu uma autonomia maior de suas reações e pode realizar atividades construtivas. Neste período, a criança reúne suas experiências por meio do tateamento em torno de suas necessidades e as incógnitas vão lhes sendo apresentadas. Suas atividades são bastante individuais e duram pouco tempo. Trata-se do período do egocentrismo, mas também manifesta gestos de generosidade, bondade e qualidades sociais positivas.
>
> • Um terceiro período, que denomina de *trabalho*. Inicia a partir dos quatro anos. Aqui, a criança organiza seus primeiros reflexos vitais e então está preparada para conquistar o mundo por meio do trabalho.

TESTE (adaptação própria)	
Realiza-se tateamento experimental baseado na experiência e na vida.	Verde
Explicação e experimentação.	Amarelo
Explicação e despejo de conteúdos.	Vermelho

Invariante nº 12: A memória, pela qual a escola tanto se interessa, somente tem valor e é preciosa quando integrada ao tateamento experimental, que é quando ela está verdadeiramente a serviço da vida

Nesta invariante, Freinet retoma o tema do tateamento experimental o contrapondo à memorização – técnica do funil – o que os exames tradicionais medem. Ele citará Montaigne[51]: "Saber de cor, não é saber". Deste tipo de aprendizado advirá a nocividade do livresco. Ela valoriza a memória, porém ela não é cultivada com o exercício da fadiga e do esgotamento (aceita que certos processos mnemotécnicos podem ser aceitos), assinalando em uma frase que talvez esteja na memória uma das causas do "que ocorre com nossa maltratada juventude".

Michel Eyquem de Montaigne (1533–1592)

O tateamento experimental se tornará essencial em suas técnicas (não podemos deixar de notar a influência da teoria clássica das provas e dos erros de Pavlov[52]: aprendendo a partir dos erros, tateando, provando, voltando sobre a prova malsucedida para retificá-la, assim a criança e o adulto verdadeiramente aprendem). O aprendizado não pode se dar mediante uma intervenção externa ao aluno, mas deve nascer do próprio aluno. Assim, a necessidade de saber nasce do obstáculo, da descontinuidade da evidência, da falta de compreensão e da busca do que permitirá compreender. Para que esta

Ivan Petrovitx Pavlov (1849–1936)

indagação seja eficaz, ela tem de ser espontânea e movida pela necessidade interior de busca e ela própria não tem como estar isenta de erros.

Segundo Legrand (1993), Freinet aborda dois pontos fundamentais: de um lado, a prova tem de ser feita para responder a uma necessidade; de outro, a aprovação supõe a memorização espontânea do processo e sua repetição posterior em situações parecidas, o que constitui toda a essência do aprendizado. Depois ele irá mais longe:

> Afirmamos que nenhum dos nossos atos é o resultado de uma eleição objetiva e científica, como se costuma acreditar, mas o fruto de tentativas

experimentais. Os tateamentos experimentais presidem todos os atos da vida. Trata-se do processo único e geral, universal, de todo tipo de vida, que Teilhard de Chardin[53] considera ser a grande lei do mundo.

Poderíamos ver nesta invariante a importância da motivação intrínseca como parte do processo que se deseja fazer e que provoca o aprendizado verdadeiro, o qual não necessita de recompensas externas.

TESTE (adaptação própria)	
A memória é uma ajuda técnica.	Verde
A memória é importante, mas não exclusiva.	Amarelo
Os aprendizados se dão por meio da memorização.	Vermelho

Invariante nº 13: A aquisição do conhecimento não é feita, como às vezes se acredita, mediante o estudo de regras e leis, mas pela experiência. Estudar primeiramente estas regras e leis, na linguagem, na arte, na matemática e nas ciências, é colocar a carroça na frente dos bois

Esta invariante é mais extensa em sua definição do que no texto explicativo. Freinet escreve somente o seguinte: "as regras e leis são o fruto da experiência, de outro modo não são mais do que fórmulas sem valor".

Freinet se mostra claramente contrário ao processo dedutivo de estudar primeiro as regras e leis as memorizando para então passar à demonstração. Ele defende o processo indutivo que parte da experiência da criança para chegar à lei geral, ou ao significado, como diria John Dewey[54]. É possível ver a influência de Dewey no pensamento de Freinet, já que o texto *Democracia e educação* foi publicado em 1916. O método indutivo, que se baseia na observação ativa e na experiência, é um meio que estimula a autoatividade e a participação dos alunos.

A ideia de aprender por meio da experiência é a base de seu tateamento experimental. Um dos princípios atuais do construtivismo[55] social é que "a função da cognição é aceitável e serve à organização do mundo da experiência, não ao descobrimento de uma realidade ontológica" (Paul, 1991). Como introdutor da perspectiva cognitiva, também vemos a influência de Piaget nesta invariante, na qual o componente de atividade, iniciativa e autonomia é importante para os sujeitos, ou seja, uma das características de todos os pedagogos da Escola Nova ou Ativa: o papel ativo que o aluno desempenha em sua própria educação.

TESTE (adaptação própria)	
Trabalho experimental.	Verde
Experiências e regras.	Amarelo
Regras e princípios de memória.	Vermelho

Invariante nº 14: A inteligência não é uma faculdade específica que funciona como um circuito fechado, conforme a escolástica ensina, independentemente dos demais elementos vitais do indivíduo

Nesta invariante, passa-se da memória à inteligência. A teoria de Freinet é que a inteligência – a qual define como "a emanação complexa das possibilidades mais eminentes do indivíduo" comparando à saúde – não existe por si só. A inteligência é a capacidade de relacionar conhecimentos que possuímos para resolver determinada situação, o que hoje se define, em muitos casos, como *competência*.

A partir desta teoria, deduz-se que efetivamente a inteligência não existe por si só, não há método específico de cultivo de tal inteligência. Aqui Freinet volta a fazer referência a sua obra *Ensayo de psicología sensible*, onde afirmava que a Inteligência é a permeabilidade à experiência. Freinet se aproxima da ideia e influência de Piaget quando diz que: "a inteligência é a adaptação por excelência, é o equilíbrio entre a assimilação contínua das coisas à própria atividade e a acomodação desses esquemas assimiladores aos objetos". Piaget afirmava que a inteligência "se constrói" na cabeça do *sujeito* mediante uma atividade das estruturas que se alimentam dos esquemas de ação, ou seja, de regramentos e coordenações das atividades da criança.

Freinet conclui reivindicando novamente o tateamento experimental como forma de educar a inteligência. No teste-semáforo, volta a insistir nisso e emprega pela primeira vez o conceito de *velha pedagogia intelectualista*[56], no lugar de *escolástica,* como aparece no título da invariante. É possível que Freinet tenha intuído que o tateamento experimental otimizasse a capacidade de relacionar conhecimentos para resolver uma determinada situação, uma das concepções atuais da inteligência.

TESTE (adaptação própria)	
Utiliza-se o tateamento experimental.	Verde
Introdução progressiva do tateamento experimental.	Amarelo
Práticas de memorização.	Vermelho

> **Invariante nº 15:** A escola não cultiva nada mais do que uma forma abstrata de inteligência, que atua fora da realidade, mediante palavras e ideias fixadas na memória

Esta invariante é uma continuação das anteriores. Todas elas giram em torno da memória e da inteligência.

Freinet introduz neste caso, todavia, o conceito de inteligência abstrata, referindo-se à inteligência desenvolvida pela escola tradicional, baseada nas ideias pré-fixadas pela memória e avalizada por seus próprios diplomas. Suavizando a crítica, ele admite que "isso não impede que alguns sejam inteligentes em tudo o que afeta a vida e a adaptação ao meio". A inteligência não é somente abstrata e também não é uma faculdade específica que funciona de maneira independente dos componentes vitais do indivíduo.

A contribuição mais interessante da invariante é a descrição de diversos tipos de inteligência: manual, artística, sensível, especulativa, política e social.

Para Freinet, a inteligência é desenvolvida pelo tateamento experimental, em sala de aula e fora dela.

Anos mais tarde, em 1987, Howard Gardner, da Universidade de Harvard, desenvolveu o conceito das *inteligências múltiplas*. Ele definiu a inteligência como a capacidade de resolver problemas ou de criar produtos que sejam valiosos em um ou mais ambientes culturais. As inteligências que Gardner analisa são a inteligência lógico-matemática, inteligência espacial, inteligência corporal, inteligência intrapessoal, inteligência interpessoal e inteligência naturalista.[57]

TESTE (adaptação própria)	
Otimizam-se as diversas inteligências.	Verde
As diversas inteligências são desenvolvidas eventualmente.	Amarelo
Cultiva-se a inteligência escolar.	Vermelho

> **Invariante nº 16:** O aluno não gosta de receber lições *ex cathedra*

Ex cathedra (do latim, *"cathedra"*, "cadeira") é uma expressão latina que se refere ao ato de expressar algo com a autoridade que corresponde a um cargo (juiz, professor, etc.), sendo a cadeira ou cátedra – ou seja, o móvel – metonímia da função. O uso mais importante da expressão diz respeito ao exercício da autoridade papal, porque uma declaração papal tem de ser *ex cathedra* para ser infalível.

Deixando de lado o uso da expressão, que Freinet emprega aplicada ao professor que dá aulas com autoridade e arrogância, podemos argumentar que se avança ao que hoje a psicologia do aprendizado postula: o ensino centrado no aprendiz, em toda a pessoa (implicação de fatores cognitivos e metacognitivos, motivacionais, emotivos, sociais e culturais) e a relação complexa entre conhecimento e emoções, é o que permite aprender[58] e construir novos significados. Trata-se da maneira de otimizar o aprendizado relevante.

Freinet explica dizendo que ninguém gosta de escutar o que não pediu (ou impôs), já que não há um desejo de conhecimento. Para evitar as críticas a esta afirmação, ele argumentava que não há dúvida de que o professor tem de ensinar coisas que o aluno talvez não veja como necessárias. Dessa forma, Freinet considera básico aplicar as técnicas da escola moderna, o modelo indutivo, para favorecer o aprendizado:

> Se explicamos uma lição nos valendo de nossa autoridade, ninguém escuta. Organizemos nosso trabalho de tal maneira que o aluno comece por atuar ele mesmo, experimentar, inquirir, ler, selecionar e classificar documentos. Isto fará com que ele pergunte o que mais ou menos o intrigou. Respondamos às suas perguntas: será o que nós denominamos a lição *a posteriori*.

É interessante ver como Freinet intui o que mais tarde se denominará *aprendizado reflexivo-experiencial* e todas as teorias contemporâneas sobre a importância da reflexão no aprendizado. Partindo de uma situação real, e por meio de um processo reflexivo sobre a experiência e a retroação, chega-se à melhoria das atividades de sala de aula (Kolb, 1984).

O aprendizado experiencial tem lugar quando, a partir da experiência que se tem ao longo do mesmo, os alunos observam, compartilham sua percepção da experiência com os colegas, refletem sobre ela e realizam algum tipo de abstração, integrando estas reflexões em seus conhecimentos prévios e assim as empregando como guias para ações posteriores.

TESTE (adaptação própria)	
Inicia-se com base na experiência.	Verde
Tenta-se captar o interesse dos alunos.	Amarelo
Realiza-se lições *ex cathedra* impostas pela autoridade de quem explica.	Vermelho

Invariante nº 17: A criança não se cansa fazendo um trabalho que esteja dentro da linha de sua vida que, em outras palavras, é funcional para ela

Freinet emprega o termo "funcional", que anos mais tarde será amplamente utilizado para falar dos aprendizados. Ele se manifesta contra aqueles que, baseados na escola tradicional, sustentam que o aluno deve descansar durante 10 minutos após trabalhar 40 minutos seguidos. Seu argumento é que se a criança está ocupada em um "trabalho vivo", que responde às suas necessidades, ela não se cansa. "O que cansa os alunos, assim como os adultos", afirma Freinet, "é o esforço contra a natureza, que fazes porque te obrigam. [...] O cansaço das crianças é o teste que revela a qualidade de uma determinada pedagogia".

Hoje, falaríamos sobre conseguir que as crianças se tornem conscientes do uso e da função de seu conhecimento e suas habilidades (Simons, 1995). Anos mais tarde, se dirá que a memorização compreensiva, a funcionalidade do conhecimento e o aprendizado significativo são os três vértices de um mesmo triângulo. A modificação dos esquemas de conhecimento, produzida pela realização de aprendizados significativos, se relacionará diretamente com a funcionalidade do aprendizado realizado, ou seja, com a possibilidade de utilizar o que foi aprendido para enfrentar situações novas e realizar aprendizados novos. Como vemos, isto está de acordo com o que Freinet afirmava: a significância do aprendizado se encontra diretamente vinculada à sua funcionalidade. Tudo isso faz parte do que se denominará, anos mais tarde, *concepção construtivista do aprendizado.*

TESTE (adaptação própria)	
Trabalha-se sem se cansar durante horas.	Verde
Há cansaço e repouso.	Amarelo
É imprescindível descansar após certo período de tempo.	Vermelho

Invariante nº 18: Ninguém, seja criança ou adulto, gosta do controle e da punição, que sempre são considerados uma ofensa à dignidade, sobretudo quando se exercem em público

Ao contrário de outras invariantes, aqui Freinet se detém um pouco mais[59]. Existem duas ideias na invariante: a renúncia ao castigo, à humilhação e à degradação ocasionadas por ele quando feito em público, algo muito normal na pedagogia do século XIX e no início do século XX. Devemos recordar que a história escolar é uma história cheia de coação e castigo físico como gestão cotidiana do que se considerava a normalidade escolar. A escola sempre foi um espaço controlado à exaustão (Narodowski, 1999). O mesmo autor dirá:

> Vigilante vigiado, a cadeia de autoridade escolar coloca os conhecimentos daquele que ensina em função de uma estratégia disciplinar geral da qual nem ele, que é seu executor principal, pode escapar. E a disciplina não é exercida somente para que os alunos escutem, mas para incutir condutas morais e sociais.

Freinet não aceita que a punição seja um mal necessário como foi dito na pedagogia desde Comenius[60], segundo a qual a função da escola é ordenar e controlar ("na escola tradicional, a criança por princípio sempre está em falta"). Freinet se mostra contrário a esta ideia, que para ele é reacionária (ele fala duas vezes de revolução "pedagógica" nesta invariante) e defende os privilégios de poucos. Todavia, analisando cuidadosamente a invariante, vemos que para acabar com as ações corretivas, antes é preciso mudar a atitude do professor que somente busca os erros no trabalho do aluno, e não o que está bem feito. Esta atitude conduz ao fracasso escolar e à aversão pela escola. Certamente, quando o castigo é instalado como elemento central na escola, a palavra é substituída pela agressão física e psicológica e pelos gritos. Quando o professor grita, todos gritam, e violência sempre gera violência.

O professor não deve corrigir de forma punitiva, mas ajudar na superação dos erros, utilizar métodos naturais para fazer com que a criança se interesse por seu trabalho e pela sua vida infantil. Freinet diria que educar exige paciência e que o trabalho dos professores deve ser encaminhado para, sempre que possível, mostrar alternativas e elementos que convidem à reflexão, não somente sobre o comportamento considerado inadequado, mas também sobre as consequências que provoca nos demais.

TESTE (adaptação própria)	
Não há tinta vermelha nos cadernos.	Verde
Às vezes se corrige.	Amarelo
Corrige-se e se pune.	Vermelho

Invariante nº 19: As notas e as classificações sempre constituem um erro

"A nota é a apreciação feita por um adulto sobre o trabalho de uma criança": assim começa esta invariante, considerando as notas injustas e subjetivas. É interessante ver como Freinet vislumbra que não se pode dar somente uma nota (embora diga que isso seja possível ao se tratar de aquisições simples), já que o trabalho na escola é complexo, e nele incidem muitos fatores que somente uma nota não consegue diferenciar. Mas adiante, esta ideia levará a novas formas de avaliar os alunos.

Freinet critica a pedagogia mensurável, já que a inteligência, a criação, a invenção, o sentido artístico, científico ou histórico, não podem ser qualificados com uma nota de centésimos de pontos. E ele tem razão; para a pedagogia tradicional, as notas são um meio de controle, de punição, de advertência ao aluno. Por outro lado, atualmente está claro que medir e classificar não é o mesmo que avaliar.

A alternativa que Freinet propõe se baseia em três pontos:

1. É preciso dar às crianças o gosto e a necessidade de trabalhar (insiste na necessidade do trabalho partindo da criança).
2. É preciso criar uma emulação sã mediante a cooperação (avança em sua proposta de cooperativa escolar).
3. Implantar gráficos e certificados que substituem as notas (aqui ele se refere ao plano de trabalho).

A avaliação, para Freinet, não é realizar provas coletivas periódicas aplicadas à medida que as aulas são lecionadas. Ele introduz técnicas de autoavaliação na forma de grades que devem ser preenchidas cada vez que novas competências são adquiridas.

Não podemos negar que Freinet, na sua oposição às notas como qualificação e medida, ingressa naquilo que posteriormente será todo o discurso e a prática de avaliação dentro de um modelo compreensivo, como processo de melhoria de aprendizado, e não como produtivo ou acreditativo. Trata-se do que Stufflebeam (1995, p. 183) conceituará anos mais tarde como "processo de identificar, obter e proporcionar informações úteis e descritivas sobre o valor e mérito das metas; planejamento, realização e impacto de um determinado objeto, a fim de servir de guia para a tomada de decisão, solução de problemas de responsabilidade e promoção da compreensão dos fenômenos envolvidos".

De qualquer maneira, o debate entre medida, qualificação e avaliação continua...

TESTE (adaptação própria)	
Suprimem-se as notas e há novas formas de trabalho.	Verde
Os nomes são substituídos, mas é a mesma coisa.	Amarelo
Há notas e qualificações.	Vermelho

Invariante nº 20: Fale o mínimo possível

Na escola tradicional, o professor fala, explica e demonstra. "Quanto menos falares, mais coisas farás", afirma Freinet. Séculos antes Lao-Tsé disse: "Aquele que sabe não fala, e o que fala não sabe".

Argumentando sua afirmação, ele nos remete à invariante 13 sobre o tateamento experimental, onde é dito: "Não se alcança a formação dos alunos com explicações e demonstrações, mas pela ação e pelo tateamento experimental".

Certamente, o que Freinet queria dizer não é apenas que ao se calar muitas atividades podem ser feitas com os alunos, para que as crianças sejam protagonistas do seu aprendizado, mas que ao falar menos, se permite escutar mais.

O professor deveria praticar a escuta ativa, que transmite ao aluno o interesse em relação à sua pessoa, a compreensão, o apreço e a aceitação.

A escuta ativa é uma capacidade crítica de influência que compreende diversos comportamentos que comunicam ao outro, que está o escutando e compreendendo, que se apreciam e aceitam os seus sentimentos subjacentes às palavras e que, quaisquer que sejam seus pensamentos ou palavras, ele é aceito como pessoa. A finalidade consiste em comunicar que seja qual for a qualidade das ideias, dos acontecimentos, das atitudes e dos valores da pessoa que fala, aquele que escuta não avalia essa pessoa por suas ideias ou sentimentos. A pessoa que escuta aceita a pessoa que fala assim como ela é, sem emitir juízos morais, do bem ou do mal, sem tachá-la de lógica ou ilógica.

TESTE (adaptação própria)	
Fala-se pouco.	Verde
Há um esforço para falar pouco.	Amarelo
Falar é uma virtude do magistério.	Vermelho

> **Invariante nº 21:** A criança não gosta de trabalhar em grupo; o trabalho deve ser associado ao indivíduo. Ela gosta do trabalho individual ou do trabalho em equipe no seio de uma comunidade cooperativa

Aparece aqui pela primeira vez o conceito de *comunidade cooperativa* (e afirmará ao final de cada invariante que a nova fórmula de trabalho pedagógico é de grande importância). O trabalho em equipe se equipara ao trabalho cooperativo a serviço da comunidade, do qual se exclui o trabalho individual. Freinet critica duramente a separação ou classificação dos alunos (por idade, etc.), assinalando que é um grande erro, próprio da escolástica, fazer com que todos realizem a mesma coisa no mesmo momento; é "profundamente irracional", assinala o autor, "pretender que todos avancem no mesmo ritmo".

Aqui Freinet retorna à sua ideia de que o processo de aprendizado se baseia na experimentação e na ação. O processo de aprendizado inicia com a experimentação e por meio do tateamento experimental avança até as regras e leis, e não ao contrário. O aluno aprenderá por meio do tateamento exploratório aprofundando seu conhecimento mediante as experiências positivas e buscando alternativas às tentativas falidas.

Freinet lança um debate que, décadas mais tarde, será importante: o debate sobre a homogeneização e os circuitos segregadores que determinadas escolas estabelecem. Nessa época, falava-se de trabalho individual, fracasso, dificuldades, etc. Empregava-se uma linguagem diferente, mas o conceito e o processo que se queria desenvolver eram os mesmos; ou seja: o que podemos fazer nas salas de aula para não participar de uma seleção cultural, e ao contrário, para que todos os alunos de procedências diferentes, de culturas diversas, sejam atendidos de forma adequada e possam interiorizar em sua vida esse respeito às diferenças e não cair na exclusão social? Era uma preocupação de Freinet e também da atualidade.

Trata-se do ponto de partida do trabalho cooperativo. Anos mais tarde, o aprendizado cooperativo entrará com mais força como um movimento de um lado baseado em um conjunto de princípios teóricos e uma modalidade de organização dos grupos, segundo os quais os alunos devem cooperar para conseguir resultados mais significativos para todos. E, por outro lado, baseados em estudos e pesquisas experimentais que, confrontando os resultados obtidos mediante a aplicação das três modalidades didáticas – cooperativa, competitiva e individual – se propõe obter um aumento da motivação, uma melhoria da atmosfera na sala de aula e um desenvolvimento das habilidades sociais. Entende-se o aprendizado cooperativo como um método de condução na sala de aula que coloca em jogo os recursos dos alunos no aprendizado. Sob esse ponto de vista, é diferente dos métodos tradicionais que se apoiam na qualidade e na amplitude dos conhecimentos da matéria pelo professor. O aprendizado cooperativo em grupos pequenos é um enfoque interativo de organização do trabalho em sala de aula, segundo o qual os alunos aprendem uns com os outros, assim como com seus professores e seu contexto.

Também podemos considerá-lo como um pequeno precedente do trabalho com a comunidade. Ainda que ele fale de comunidade cooperativa (as redes chegarão muito mais tarde, no século XXI), se avança – mesmo que de forma tímida, já que as circunstâncias sociais eram muito diferentes – até o que posteriormente será a comunidade educativa ou a comunidade de aprendizado.

TESTE (adaptação própria)	
Trabalha-se em equipe fazendo parte de uma comunidade.	Verde
Às vezes se realiza trabalho em equipe.	Amarelo
Trabalha-se de forma individual.	Vermelho

Invariante nº 22: Ordem e disciplina são necessárias na sala de aula

Nesta invariante, Freinet tenta responder às críticas feitas à sua pedagogia: organização anárquica, libertinagem e abandono das crianças. Assim, ele se vê obrigado a se defender. Sua pedagogia não é a falta de norma nem o *laissez faire*. Tudo isso lhe obriga a retomar o debate sobre a disciplina.

Sua argumentação é contundente. Sua pedagogia, que utiliza técnicas complexas e diversas de forma simultânea, na qual não existe uma autoridade "brutal", exige mais ordem e disciplina do que uma sala de aula tradicional (e aproveita para criticar o manual[61] como equipamento essencial desta tradição); necessita de "uma ordem verdadeira".

Mas não se trata de uma ordem de vigilância, silêncio e braços cruzados, e sim de uma ordem profunda, inserida no comportamento e no trabalho dos alunos que, com sua motivação, faz com que não exista desordem (autodisciplina). "A ordem e a disciplina da Escola Moderna

Sala de aula Freinet em 1964

são a organização do trabalho", afirma Freinet. Quanto mais motivado estiver o aluno, menos disciplina necessitará e ele próprio estabelecerá sua ordem.

Hoje, concordamos com Freinet ao se falar da convivência nas salas de aula e escolas. A educação deve ter um papel essencialmente antiautoritário, e seu esforço deve estar centrado na colaboração dos alunos para a busca do conhecimento, por meio de atividades, facilitando-lhes para que tenham consciência de sua força e saibam a importância de serem os atores de seu próprio aprendizado, no seio da ação coletiva. Dessa forma, o professor deixará de ser um vigilante severo e passará a ser um colaborador para as crianças, exercendo um papel novo, mais digno. Foucault (1975) afirmará que a escola tenta permanentemente disciplinar o aluno, e para isso ela trabalha cotidianamente na "anatomia política" ou na "política do poder". Isto não quer dizer que a criança não precise ter uma visão da realidade social e comunitária, mas sempre a partir de uma perspectiva democrática e solidária.

TESTE (adaptação própria)	
Suprimem-se as notas e há novas formas de trabalho.	Verde
Os nomes são substituídos, mas continua a mesma coisa.	Amarelo
Há notas e classificações.	Vermelho

Invariante nº 23: Os castigos são sempre um erro. Eles são humilhantes para todos e jamais conduzem à finalidade almejada. Além do mais, o castigo é uma solução ruim

Esta invariante é muito parecida com a invariante 18, a qual falava de sanções e correções, enquanto nesta se fala de castigo. Ainda que

Freinet relativize o tema do castigo afirmando que há casos nos quais é difícil não castigar, ele abomina absolutamente o castigo físico, já que a infância não é formada com uma vida a base de golpes e castigos. É preciso trabalhar para que os castigos sejam desnecessários.

No castigo há oposição, cólera, vingança e ódio, e sempre há humilhação; e a humilhação não deve existir na escola.

É evidente que a vida e a formação de uma criança não deve se basear em práticas disciplinares, baseadas na vigilância e na desconfiança.

Para Freinet, os castigos se tornarão desnecessários na medida em que conseguimos fazer com que "as crianças se interessem pelo trabalho em sala de aula e que suas necessidades criativas, de progresso e de vida sejam satisfeitas".

Freinet se incorpora a todos os movimentos progressistas da época, já que no início do século XX se começa a refutar os castigos físicos, ou parte deles, os substituindo por sanções e privações. O castigo sempre foi, e ainda é, um tema controverso na escola. Em muitas escolas do mundo, o castigo físico continua sendo praticado, e muitos países não possuem uma legislação que proteja as crianças dele. Houve avanços, mas eles ainda não são suficientes.[62]

TESTE (adaptação própria)	
Não há castigo.	Verde
O castigo foi em parte suprimido.	Amarelo
O castigo é necessário e aceitável.	Vermelho

Invariante nº 24: A vida nova da escola supõe a cooperação escolar, ou seja, a gestão da vida e do trabalho escolar pelos usuários, incluindo o professor

Para Freinet, esta invariante é consequência de todas as anteriores. Tudo o que foi dito anteriormente leva obrigatoriamente à cooperação escolar, a menos que se considere as crianças imaturas, carentes de experiência ou inconscientes.

A escola se converte em uma cooperativa escolar; a gestão da vida e do trabalho escolar é uma responsabilidade de todos os usuários, inclusive do professor. Trata-se de uma cooperativa não somente econômica e técnica, mas também de toda a vida dos alunos da sala de aula (e também considerando os aspectos social e moral,[63] dirá Freinet). Ele expõe as duas principais técnicas da cooperativa: o mural de notícias e a assembleia geral semanal.

Na pedagogia Freinet, é fundamental converter a escola e a sala de aula em uma cooperativa com todos seus ingredientes (tesoureiro, secretário, mural, assembleia, etc.). A combinação harmônica do aprendizado individualizado com o trabalho em grupo será uma das importantes finalidades da pedagogia Freinet. O professor deve organizar o ambiente para que a criança desenvolva suas potencialidades ao máximo e, portanto, deve atuar como um facilitador de técnicas e instrumentos para ajudar no processo educativo. O espírito cooperativo (a escola baseada na cooperação e no trabalho) que tenta educar os cidadãos para a consolidação de uma sociedade democrática (da democracia escolar à democracia social) que luta contra um regime autoritário impregna toda a pedagogia freinetiana.

Os elementos básicos da pedagogia Freinet, como expoente do movimento cooperativo, são os seguintes: a luta contra o autoritarismo do professor, a valorização do jogo-trabalho como uma atividade transformadora e humanizadora por excelência e como técnica pedagógica adequada para a formação da criança como sujeito, o movimento cooperativo entre professores, entre alunos e entre professores e alunos da pedagogia Freinet e sua oposição à competição como recurso escolar para motivar o aluno, por entender que é uma prática danosa à formação integral da criança.

O princípio de igualdade entre todas as crianças, a ideia de combater o sistema educativo irracional imperante em sua época e a necessidade de formar seres humanos que se desenvolvam livremente, sem competitividade e violência, são os pontos significativos do pensamento de Freinet.

TESTE (adaptação própria)	
Cooperação total.	Verde
A cooperação é parcial.	Amarelo
O poder é do professor.	Vermelho

Invariante nº 25: A sobrecarga das salas de aula é sempre um erro pedagógico

Nesta invariante, Freinet se refere às salas de aula numerosas, aspecto normal na época – ele menciona 50 alunos por turma –, enquanto o número ideal para ele seria de 20 a 25 alunos. A crítica se baseia no fato de que uma sala de aula numerosa pode dar certo se o objetivo é instruir, mas não se ele é educar (Freinet menciona muito de passagem essa virtude aplicada às técnicas audiovisuais do momento). Mas ele se detém em uma relação de aspectos que necessitam uma sala de aula menor, não anônima (e iguala a massificação ao anonimato): o desenvolvimento pessoal moral, social, inteligente, pesquisador, criador, matemático, músico, artista, etc. Freinet volta a insistir na necessidade de trabalhar em equipe, o que não permite o anonimato da *massa anônima*.

TESTE (adaptação própria)	
Há 20 ou 25 alunos na turma.	Verde
Há 30 ou 35 alunos na turma.	Amarelo
Há mais de 35 alunos na turma.	Vermelho

Invariante nº 26: A concepção atual dos grandes conjuntos escolares conduz ao anonimato dos professores e dos discípulos; por este mesmo fato, é sempre um equívoco e um empecilho

Neste caso, Freinet defenderá as escolas pequenas contra os grandes grupos escolares, que estavam se difundindo rapidamente, os quais serão equiparados a quartéis nos quais predomina o anonimato, a falta de preocupação comum e o espírito castrense[64].

Certamente, nas últimas décadas o acesso de toda a população à escola, às aglomerações urbanas, às novas tecnologias de comunicação, às mudanças nas estruturas e dinâmicas familiares, entre outros fatores, têm levado a uma escola que não tem nada a ver com as antigas escolas unitárias, nas quais um ou dois professores trabalhavam isolados. Hoje, predomina o trabalho conjunto de um grupo de professores com um grupo de alunos de diversas idades em uma escola agrupada (a escola "caixa de ovos" que Lortie já descreveu em 1975). As escolas unitárias poderiam ser mais românticas, mas é também evidente que poucas crianças continuavam seus estudos depois das denominadas "letras básicas". Deve-se conviver com escolas pequenas e escolas graduadas.

Viñao (1990) afirma a este respeito:

A passagem da escola-aula à escola-colégio se dá no início do século XX, com a introdução da escola graduada na Espanha. Trata-se da escola do século XX, o grupo escolar onde se concentram os esforços e se rentabilizam os recursos, obrigando ao mesmo tempo a especialização do professor e a diversificação do currículo em torno das matérias especializadas, em consonância com o avanço científico e tecnológico, aparecendo a organização e a direção escolar. Apesar de tudo, a escola unitária convive e compete com a graduada até boa parte da metade do século.

TESTE (adaptação própria)	
A escola tem cinco ou seis salas de aula.	Verde
Trabalho aceitável em um grande grupo escolar.	Amarelo
Grande grupo escolar.	Vermelho

Invariante nº 27: A democracia de amanhã se prepara por meio da democracia na escola. Um regime autoritário na escola não seria capaz de formar cidadãos democratas

Freinet assume a vanguarda reivindicando uma escola democrática para formar futuros cidadãos democratas[65] (fala do século da democracia). Seria o que hoje denominamos *cidadania democrática*, capaz de analisar e refletir sobre que democracia se quer e de reinventá-la a cada dia. Detecta-se nesta invariante uma influência distanciada de Rousseau, quando defende o governo do povo e para o povo.

Freinet argumenta nesta invariante que a autoridade inquestionável e imposta incapacita as crianças, em seu futuro, para se autogovernar, refletir, se organizar e agir.

Se uma das grandes finalidades da escola é formar os cidadãos do amanhã, a educação deve ser capaz de proporcionar elementos para alcançar uma maior independência de juízo, de deliberação e de diálogo construtivo[66]. Ela deve ser capaz de ajudar na transformação das relações das pessoas com as novas sensibilidades do mundo (intercultural, ambiental, solidária, igualitária, entre outras), que a sociedade atual necessita. E a educação para a democracia pode ajudar no alcance deste objetivo de forma substancial.

"A escola do povo não deve ser outra que uma escola democrática", afirma Freinet.

TESTE (adaptação própria)	
Há democracia na escola.	Verde
Às vezes se utilizam práticas democráticas.	Amarelo
Escola autoritária.	Vermelho

Invariante nº 28: Somente se pode educar dentro da dignidade. Respeitar as crianças, devendo estas respeitar seus professores, é uma das primeiras condições de renovação da escola

Para Freinet, as novas relações baseadas na dignidade que se estabelecem na sala de aula serão autênticos indicadores do progresso escolar. E ele ilustra isso com provérbios populares: "Não deseje para os outros o que não queres para ti", "Faça pelos outros o que gostarias que fizessem por ti".

É evidente que o respeito aos demais é muito importante na educação. Ensinar que "o homem não deve ser um lobo para o homem" e que deve trabalhar com outros. Construir conjuntamente a vida social supõe ensinar e aprender valores como o respeito a si mesmo e perante os demais. Também é um caminho para a educação e para a paz.

Concordamos com Palos (2010) quando afirma:

A evolução da humanidade está cheia de guerras e conflitos e realmente não pode ser explicada sem eles. Muitas vezes nossa alternativa pessoal para resolver um conflito é a violência e a imposição. Durante o processo da história e na vida cotidiana vemos continuamente que quando um poder ou alguém se impõe a outro mediante força, este poder está predisposto a voltar a perder por meio do mesmo sistema, pela força. Aceita-se que a força é o recurso, último ou habitual, quando está interiorizado como parte da própria cultura e de nossa forma de fazer para obter a razão. Desta forma, continua-se o dando exemplo para perpetuar o mesmo mecanismo de resolução de conflitos, a força, e se está construindo uma sociedade violenta e sob permanente ameaça, sempre em nome da razão e da verdade. E cada vez que há imposição à força se dão muitos passos para trás no progresso social, quando não se destrói totalmente o que foi alcançado até o momento. Porém, apesar desta realidade, a maioria das pessoas continua pensando que a violência e a imposição não são o melhor caminho para resolver os problemas e que uma sociedade em paz seria muito desejável para o bem-estar e o progresso da humanidade. Para isso, a fim de conseguir uma sociedade pacífica como traço distintivo da espécie humana, temos a inteligência que nos permite compreender e refletir sobre a realidade que nos rodeia sob uma perspectiva global, além de nos comunicar, associar e utilizar a liberdade para criar e construir uma sociedade melhor. É evidente também que a inteligência pode ser empregada para o contrário, mas seria uma inteligência mal entendida quando estas atuações vão contra o processo da própria humanidade.

TESTE (adaptação própria)	
Há respeito na sala de aula.	Verde
Há esforço, mas não se consegue o respeito.	Amarelo
O respeito é imposto.	Vermelho

Invariante nº 29: A oposição da reação pedagógica, elemento da reação social e política, é também uma invariante com a qual infelizmente teremos de contar, sem que esteja em nós a possibilidade de evitá-la ou modificá-la

Nesta invariante, Freinet se detém um pouco mais. Por meio de sua própria experiência, ele comprovou que é difícil implementar uma mudança profunda na educação, e assim descreve: "Se tantos professores são criticados, denegridos e caluniados, se muitas vezes se consegue mobilizar contra eles a conjunção do imobilismo e do conservadorismo, é por que se trata também neste caso de uma invariante do progresso escolar e social".

Freinet conclama a superação da natureza humana, cheia de egoísmo e violência, com a aplicação, mesmo que progressiva, das 30 invariantes. O sofrimento e o esforço são o patrimônio dos novos educadores (para ele, os educadores autênticos).

Paulo Freire afirmará posteriormente (1997): "Todo projeto pedagógico é político e se encontra impregnado de ideologia. A questão é saber a favor de que e de quem, contra o que e contra quem se faz a política da qual a educação jamais prescinde".

A mensagem que Freinet quer transmitir com esta invariante é que devemos aceitar que toda mudança e inovação implicará resistências e que devemos estar preparados para isso, sem que tais resistências nos impeçam de olhar adiante e propor alternativas de mudanças. Também é evidente que inovar às vezes significa resistir a mudanças impostas e gerar novas ideias alternativas. Trata-se de denunciar o que não consideramos justo e promover alternativas.

TESTE (adaptação própria)	
Domina-se a oposição.	Verde
Há enfrentamento com a oposição.	Amarelo
A oposição vence e não se avança.	Vermelho

Invariante nº 30: Por fim, uma invariante que justifica todos nossos tate-amentos e autentifica nossa ação: é a esperança otimista na vida

Eis a última invariante. Ela possui um tom diferente, mais moralista. Volta a ser, como a anterior, um chamado para seguir adiante, apesar de tudo, para superar os obstáculos, as imposições, buscando veredas e atalhos para o progresso.

O fracasso chega, nos afirma Freinet, quando a enfermidade, o aburguesamento, o cansaço ou os grandes erros educativos aniquilam a esperança na vida, a luta por uma "escola moderna eficiente, mais livre e humana".

Freinet finaliza dizendo: "Esta esperança na vida será o misterioso fio de Ariadne que nos conduzirá ao nosso objetivo comum: a formação da criança no homem do amanhã".

Nesta invariante, Freinet não coloca teste ou semáforo, ele finaliza aqui seu texto.

Não podemos evitar, ao ler tal invariante, de lembrar Freire (1993), quem, anos mais tarde, falará da pedagogia da esperança como elemento fundamental da educação que tenta ser alternativa. Freire argumenta que o cansaço existencial é a perda de toda esperança; que o sonho e a utopia são indispensáveis para o educador progressista, que por meio da análise política deve descobrir e transmitir as possibilidades para a esperança, a expectativa de mudança, dado que sem elas não se luta para mudar as coisas. No livro *Pedagogia da esperança,* Freire afirma:

> Uma das tarefas do educador progressista, por meio da análise política séria e correta, é descobrir as possibilidades – quaisquer que sejam os obstáculos – para a esperança, sem a qual pouco podemos fazer, pois dificilmente lutamos e, quando lutamos como desesperançados ou desesperados, é uma luta suicida, um corpo a corpo puramente vingativo.

A releitura das invariantes anos depois nos provocou sensações diversas. Por um lado, certa impotência, ou melhor, desconcerto, ao ver que muitas – demasiadas – ainda são um ideal, uma reivindicação para a escola. Como consequência, nos fez ver que a educação não avançou tanto quanto todos nós, que nascemos depois da metade do século XX, quisemos, e que temos de seguir na batalha, continuar lutando para que a educação seja um direito e uma possibilidade de felicidade para todas as crianças.

Porém, aparecem também outras emoções, entre elas, a gratidão aos pioneiros que, como Freinet, arriscaram sua pele defendendo muitos princípios que hoje fazem parte da rotina da educação e outros que ainda estão por se conquistar. A releitura destas invariantes nos recorda que, apesar de estarmos no século XXI, resta muito por fazer, muitíssimo. Assim, como educadores, devemos nos dedicar para possibilitar que daqui a muitos anos todas as invariantes já façam parte da realidade da educação.

Expressamos nossa mais profunda gratidão a Freinet, que nos tornou melhores educadores. E isso não tem preço.

NOTAS

1   A primeira edição de *Las invariantes pedagógicas* foi publicada em 1972 pela editora Laia, de Barcelona. Foram publicadas seis edições. Há uma edição de 1996 da editora Morata, de Madrid: *La Escuela Moderna Francesa. Una Pedagogía Moderna de Sentido Común: Las Invariantes Pedagógicas.* Pode-se consultar o texto original na internet no seguinte *link*: *www.icem-freinet.fr/archives/bem/bem-25/bem-25. htm#.%20La%20nature%20de%20l'enfant.*

2   Refere-se à Asosiación de la Correspondencia e Imprenta Escolar, que era o grupo Freinet espanhol naquela época.

3   Da obra *L'esprit absorbant de l'enfant,* publicada por Desclée De Brower Éditeurs.

4   Texto citado por Freinet, do artigo publicado em *La vie collective,* n. 336–337. A referência desaparece na edição espanhola.

5   Freinet dirá na introdução: *luz verde* para as práticas que concordam com estas *invariantes,* dentro das quais você pode atuar sem apreensão, uma vez que certamente irá alcançar um sucesso reconfortante; *luz vermelha* para as práticas que não se ajustam a estas invariantes e que, portanto, será necessário proscrever o quanto antes; *luz laranja e intermitente* para as práticas que, em certas circunstâncias, podem ser benéficas, mas correm o risco de serem perigosas, e em relação às quais não se deve avançar senão com prudência, na esperança de logo superá-las.

6   Fruto da época, Freinet sempre usa as palavras *menino* e *homem.*

7   Não utilizamos atualmente o conceito de *defesa* e de *debilidade orgânica,* bem como de *ignorância,* ao se referir à *inexperiência.* Porém, devemos situar a invariante em sua data de redação (1964).

8   Philippe Ariès (1914–1984) é um dos mais importantes historiadores do século XX. Junto com Michel Foucault, é representante do que se chamou de "nova história". Sua obra é de difícil classificação, pois se encontra na fronteira entre várias disciplinas das ciências humanas: história, antropologia, filosofia, etnologia e estudos culturais.

9   Ivan Illich (1926–2002). Seu livro mais conhecido é *La sociedad desescolarizada* (1971). Durante os anos de 1970, algumas de suas análises das instituições educativas ficaram dispersas em conferências e documentos que eram difundidos pelo Centro Intercultural de Documentación, que ele dirigia conjuntamente de Cuernavaca, México.

10 O vitalismo é a corrente filosófica que respeita a filosofia da vida. Ele postula a existência real de um ou mais elementos não materiais na formação dos seres vivos que exercem controle em suas atividades. Essa corrente declara que a razão não é o modo superior do conhecimento e propõe uma relação cognoscitiva mais próxima à realidade humana global.

11 Falar de respeito em sala de aula é falar destes três aspectos:

1. Respeito às pessoas:
- Educar por meio de atitudes de atenção, escuta e diálogo ativo perante o outro, envolvendo o que quer se transmitir.
- Respeitar a integridade física dos colegas.
- Ter uma expressão verbal correta perante o outro.
- Valorizar e aceitar os demais pelo que são, descobrindo seus próprios valores e sua originalidade sem nos deixar influenciar por nenhum tipo de condicionante ou estereótipo.
- Reconhecer nos adultos uma autoridade que nos ajude a crescer como pessoas. Adquirir interesse e respeito pela diversidade e rejeitar todo tipo de desigualdades ou discriminações sociais e pessoais.
- Ter sensibilidade, abertura e flexibilidade perante as contribuições e as opiniões de outras pessoas.
- Respeitar e valorizar as pessoas que cuidam da cidade ou que velam para que o bairro e a cidade sejam mais agradáveis.

2. Respeito às coisas:
- Cuidar do próprio material escolar.
- Cuidar do material de uso comum da sala de aula: livros de uso comum, biblioteca escolar, móveis, etc.
- Cuidar das instalações da escola, especialmente as que usamos todos os dias: o pátio e a sala de estar.
- Valorizar e respeitar os bens de utilidade pública (recreativos, culturais, artísticos).

3. Respeito às normas:
- Entrar, sair, permanecer em salas de aula, refeitórios e outros locais sem fazer anarquia, gritar e desorganizar os móveis.
- Permanecer em silêncio a fim de se concentrar melhor durante o trabalho pessoal.
- Internalizar e cumprir as normas dos jogos e esportes praticados no pátio.

12 Em 1983, um conhecido pedagogo italiano, Francesco Tonucci, publica uma obra preciosa que leva como título *Com ojos de niño* na editora Barcanova, de Barcelona – obra reeditada pela editora Losada em 2007.

13 Filme de ficção realizado em 1949 por Jean-Paul Li Chanois, dirigido juntamente com Élise Freinet, é inspirado em Célestin Freinet. Em 1920, em um pequeno vilarejo da Provença, um jovem professor de uma escola se depara com a falta de interesse de seus alunos e decide mudar radicalmente seus métodos de ensino. Ele escuta seus alunos, se inspira em suas descobertas e os coloca em contato com a natureza. Os alunos descobrem o prazer de aprender e o professor de ensinar. Porém, ele enfrenta a hostilidade dos pais e dos políticos, que não veem essa pequena revolução com bons olhos. No entanto, todos os alunos têm sucesso escolar, conseguindo o diploma do ensino fundamental. Veja em: *www.ina.fr/fictions-et-animations/adaptations-litteraires/video/AFE99000001/l-ecole-buis sonniere.fr.html*.

14 É interessante que o termo *reflexão* é interessante, e até esse momento era pouco usado.

15 Veja Foucault (1975).

16 Jean Giradoux (1882–1944), romancista e dramaturgo francês, nasceu em Bellac (Haute-Viene) e morreu em Paris. Ganhou o Prêmio Montyon, em 1912, com *L'école des indifférents*. Paris. Editions Emile-Paul Fréres. 1928; há uma primeira edição de 1922 da editoria Grasset, de Paris, que pode ser encontrada completa em *www.archive.org/details/lcoledesindiff00giraouft*

17 Jean William Fritz Piaget (1896–1980), psicólogo e biólogo suíço. É considerado o criador da epistemologia genética e deu contribuições importantes à psicologia evolutiva por meio de seus estudos sobre a infância e sua teoria do desenvolvimento cognitivo. Suas contribuições tiveram grande influência na psicopedagogia. Estudou a gênesis do conhecimento, do pensamento infantil ao raciocínio adulto. Ele adotou a perspectiva do evolucionismo darwiniano, a partir da qual desenvolveu suas pesquisas e construiu seu próprio sistema teórico.

18 Lev Semenovich Vigotsky (1896–1934), psicólogo bielorusso. Defendeu que o desenvolvimento do indivíduo está intrinsecamente ligado à sociedade na qual vive, que o desenvolvimento individual e os processos sociais estão intimamente ligados e que a estrutura do funcionamento individual reflete a estrutura do funcionamento social, bem como dela deriva. Ele afirma que o desenvolvimento intelectual da infância, mais que uma questão individual, é uma função do grupo humano no no qual nos movemos.

19 John Dewey (1859–1952), o filósofo e pedagogo mais importante da primeira metade do século XX na América do Norte. A filosofia de Dewey é uma aplicação do método científico à filosofia. A base de sua pedagogia é a educação por meio da ação. Suas concepções sobre socialização e educação social exerceram grande influência nos movimentos da Escola Nova. A escola, para Dewey, é concebida como reconstrução da ordem social, o educador é um guia e orientador dos alunos.

20 Rousseau, Jean-Jacques. *Emilio, o de la educación y Confesiones*. Madrid. Alianza Editorial. 1997. Você pode acessar Emilio *online*: *www.unsl.edu.ar/librosgratis/gratis/emilio.pdf*. Jean-Jacques Rousseau (Geneva, Suíça, 28 de junho de 1712 – Ermenoville, França, 2 de julho de 1778) foi escritor, filósofo e músico; é normalmente definido como um iluminista, mas algumas de suas teorias são uma reforma ao Iluminismo e prefiguram o posterior Romantismo.

As ideias políticas de Rosseau influenciaram a Revolução Francesa em grande medida, no desenvolvimento de teorias republicanas e no crescimento do nacionalismo. Sua herança de pensador radical e revolucionário está provavelmente mais bem expressa em suas duas frases mais célebres, uma contida em *O contrato social:* "O homem nasce livre, mas está acorrentado por todos os lados"; a outra contida em *Emilio, o de la Educación*: "O homem é bom por natureza", daí sua ideia da possibilidade de uma nova educação.

21 Freinet não emprega esse termo aqui, e sim mais adiante em outra invariante, já que o termo autoritarismo surge depois da Primeira Guerra Mundial e é um dos conceitos que, como os de *ditadura* e *totalitarismo*, são utilizados como oposição à *democracia.*

22 Que nega todo tipo de autoridade.

23 Hoje o termo é aplicado de muitas formas, ainda que aqui não possamos considerar como uma autorregulação consciente quando se realizam aprendizados complexos que implicam a tomada de decisão reflexiva e consciente.

24 Para ampliar a técnica do plano de trabalho, veja as obras de Freinet, *Técnicas Freinet para la escuela moderna* da editora Siglo XXI, México, 1969 ou *El plan de trabajo*, da Biblioteca da Escola Moderna, da já fechada editora Laia, de Barcelona.

25 Paulo Freire (1921–1997), pedagogo brasileiro. Com uma visão humanista, centra-se no âmbito da pedagogia. Ela aparece como base necessária e promotora da conscientização que conduz ao desenvolvimento, ao progresso humano, à libertação do indivíduo das ataduras que o mantém alheio à sua real dimensão social.

26 Não a disciplina como obrigação dos professores de impor um modelo de comportamento, uma uniformização, o cumprimento rigoroso de ordens, normas éticas impostas ou de ordenar todas as relações no interior das escolas.

27 Veja, por exemplo, Savater (1997).

28 Freinet caracteriza aqui a compulsão como a obrigação de fazer algo por ter sido compelido por uma autoridade legal, ou por ordem da autoridade, ainda que também poderia ser uma ameaça ou uma intimação.

29 Posteriormente, os seguidores do movimento Freinet, com base na pedagogia institucional, aprofundarão o tema: Oury e Pain (1975) e, anteriormente, Schmid (1973).

30 Para ampliar o tema dos fichários de autocorreção de cálculo, consulte o texto de Freinet publicado na Biblioteca de la Escuela Moderna da editora Laia, de Barcelona.

31 Para ampliar o tema do texto livre, consulte o texto de Freinet na Biblioteca de la Escuela Moderna da editora Laia, de Barcelona, ou suas obras mais representativas.

32 Jean Paul Sartre (1905–1980), filósofo, dramaturgo e escritor francês. É um dos principais representantes do existencialismo.

33 A escolástica dominou nas escolas (em latim *scholae*) religiosas e nos estudos gerais que deram lugar às universidades medievais europeias, em especial entre meados do século XI e meados do século XV. Aqui Freinet a utiliza como método de trabalho intelectual: todo pensamento deveria ser submetido ao princípio de autoridade (*"Magister dixit"*: "o professor mandou"), e o ensino poderia se limitar a repetições ou ao estudo dos textos antigos.

34 *Ersatz* é um germanismo, um empréstimo linguístico feito pela língua francesa. Significa "substituto".

35 Citado por Óscar A. Zapata: *http://victorian.fortunecity.com/operatic/88/articulos/art030.htm.*

36 Freinet (1970). O título original deste livro na nova edição francesa significa: *Uma pedagogia moderna de sentido comum. Os ditos de Mateo.* Há uma versão atual que tem como título Célestin Freinet. *La escuela moderna francesa. Una pedagogía moderna de sentido común. Los dichos de Mateo. Las invariantes pedagógicas.* Madrid. Ediciones Morata. 1996. Prólogo de Herminio Barreiro (edição original em francês a cargo de Madeleine Freinet, a única filha de Célestin e Élise, conhecida como Baloulette).

37 "A motivação também pode ser considerada como o impulso que conduz à escolha e realização de uma ação entre diversas alternativas apresentadas em uma determinada situação. A motivação se define em regular como um estado interno que ative, dirija e mantenha a conduta... Essencialmente, o estudo da motivação

é um estudo de como e por que as pessoas iniciam ações dirigidas a metas específicas, com que intensidade participam da atividade e quanto persistentes são em seus esforços para alcançar essas metas". Veja Woolfolk (1996).

38 Abraham Maslow (Nova York, 1908–1970), psicólogo humanista norte-americano, famoso por estabelecer a hierarquia de necessidades do ser humano, conhecida como *pirâmide de Maslow*, sobre a motivação.

39 Frederick Irving Herzberg (1923–2000), psicólogo que trabalhou a gestão administrativa de empresas. É famoso por sua teoria do enriquecimento por meio do trabalho e pela teoria da motivação e higiene, também conhecida como a "Teoria dos dois fatores".

40 Victor Vroom (Montreal, 1932), desenvolve a teoria das expectativas como um modelo de motivação para o trabalho. Ele se baseia no fato de que o esforço para obter um alto desempenho depende da possibilidade de consegui-lo e que uma vez alcançado seja recompensado de tal maneira que o esforço realizado tenha valido a pena.

41 Edgar Henry Schein (1928), norte-americano. Inventou o termo "a cultura cooperativa".

42 Freinet não se refere tanto à escolástica como corrente teológica ou filosófica medieval, mas como um conceito desenvolvido na metodologia de ensino onde predomina o princípio de autoridade do professor (*"Magister dixit"*), e o ensino se limita à repetição.

43 Aqui Freinet também se mostra influenciado pelo vitalismo filosófico baseado na ação de Henri Louis Bergson (1859–1941), mas o criador da Escola Moderna faz deste vitalismo naturalista um estilo de vida. Assim, por exemplo, fomentou as práticas naturistas em sua escola de Vence, baseadas na higiene natural e em um programa dietético. Em todas estas questões nos é revelado o perfil idealista, ascético e rigoroso de Freinet, que desenvolveu seu trabalho sob uma ética muito exigente (veja González, 1996).

44 Nessa época, o conceito de fracasso escolar se limitava a avaliar o sucesso ou o fracasso dos alunos mediante as qualificações escolares.

45 David Paul Ausubel (1918–2008), psicólogo e pedagogo norte-americano, é uma das principais referências do construtivismo e o criador da teoria do aprendizado significativo.

46 Partimos da premissa segundo a qual toda conduta tem uma base cognitiva e que os atores sociais elaboram teorias para orientar suas ações. O comportamento que adotam responde a tais teorias formadas por estratégias de ação, pressupostos e valores, que nos indivíduos se manifestam em suas condutas, atitudes e crenças. Para mais informações sobre o assunto, veja Echeverría (2002).

47 Historicamente, sempre tem se falado de pedagogia sistemática, ainda que agora se utilizem as denominações de maneira indistinta. Veja, por exemplo, Traveset (2009).

48 Freinet nos remete, em uma nota de rodapé, a seu texto publicado em 1950 *Essai de psychologie à l'education,* editado por l'EMF. Pode ser um erro da edição espanhola já que o livro publicado em 1950 levava como título *Essai de psychologie sensible appliquée à l'éducation.* Editions De l'ecole Moderne Française. Tradução para o espanhol: *La psicología sensitiva y la educación* (1969). Ele sempre dirá que esse texto é a base de sua pedagogia.

49 Posteriormente, a psicologia cognitiva analisará a importância dos conhecimentos prévios.

50 Muito mais tarde, a expressão será utilizada para alguns jogos de computador.

51 Michel de Montaigne (1533–1592), escritor francês que introduziu pela primeira vez o ensaio como forma literária. Seus ensaios, que abordam um amplo leque de temas, caracterizam-se pelo estilo discursivo, pelo tom coloquial e pelo uso de numerosas citações de autores clássicos.

52 Ivan Petrovich Pavlov (1849–1936), fisiologista e psicólogo russo que obteve o Prêmio Nobel de Medicina no ano de 1904. Foi o primeiro a descrever o fenômeno do condicionamento clássico.

53 Pierre Teilhard de Chardin (1881–1955) sustentou um evolucionismo teológico; contrapôs uma cosmologia à concepção materialista do darwinismo e do positivismo que, ainda que admita o evolucionismo, e inclusive estendendo-o à realidade espiritual, recusava uma interpretação puramente mecanicista e materialista do cosmos.

54 John Dewey defendia que não existia diferença na dinâmica da experiência entre crianças e adultos. Todos são seres ativos que aprendem mediante sua confrontação com situações problemáticas que surgem no curso das atividades que lhes interessam. O pensamento constitui para todos de um instrumento destinado a resolver os problemas da experiência e o conhecimento é a acumulação de saberes que gera a resolução destes problemas.

55 Denomina-se *construtivismo* uma corrente que afirma que o conhecimento de todas as coisas é um processo mental do indivíduo, que se desenvolve de maneira interna conforme ele interage com seu ambiente.

56 Sinônimo de *pedagogia tradicional, escolástica,* segundo Freinet, ou também denominada *enciclopedista.*

57 São as seguintes:
- *Inteligência lógico-matemática:* é a habilidade que possuímos para resolver problemas tanto lógicos como matemáticos. Compreende as capacidades que necessitamos para fazer operações matemáticas e raciocinar corretamente.
- *Inteligência linguística-verbal:* é a fluência que uma pessoa possui no uso da palavra. Destreza no uso da linguagem, na investigação do significado das palavras, na sua ordem sintática e nos seus sons.
- *Inteligência visual-espacial*: é a habilidade de criar um modelo mental de formas, cores e texturas.
- *Inteligência corporal cinestésica*: é a habilidade de controlar os movimentos de todo o corpo para realizar atividades físicas.
- *Inteligência musical*: é a habilidade que nos permite criar sons, ritmos e melodias.
- *Inteligência interpessoal*: consiste em se relacionar com outras pessoas e compreende-las.
- *Inteligência intrapessoal*: entender o que nós mesmos fazemos e julgar nossas próprias ações.
- *Inteligência naturalista*: consiste no entendimento do ambiente natural e na observação da natureza.

58 Atualmente, as pesquisas sobre o aprendizado nos dizem que a experimentação, a manipulação e o descobrimento (de pessoas, objetos ou relações), mais que a imitação, favorecem os processos educativos, ainda que eles não se limitem a ela.

59 Faz comparações falando da polícia, dos guardas e da educação da mãe.

60 Jan Amós Comenius (Comênio ou Komensky) (1592–1670), teólogo, filósofo e pedagogo. É considerado o pai da pedagogia. Sua grande obra *Didática magna*, tornou-o famoso em toda Europa. Alguns princípios de Comenius são os seguintes:
1. Somente um professor deve ensinar um grupo de alunos.
2. Esse grupo deve ser homogêneo quanto à idade.
3. Deve-se reunir nas escolas todos os jovens dos dois sexos.
4. Os alunos da escola devem ser distribuídos por graus de dificuldade: iniciantes, médios e avançados.
5. As escolas não podem ser completamente autônomas, mas devem se organizar em sistemas de educação escolar simultâneos.
6. Todas as escolas devem começar e finalizar suas atividades no mesmo dia e na mesma hora (um calendário escolar único).
7. O ensino deve respeitar os preceitos de facilidade, brevidade e solidez.
8. Recomendações para os professores: 1ª ensinar na língua materna, 2ª conhecer as coisas para que possa ensiná-las, e 3ª eliminar a violência da escola.
9. A maneira mais adequada para aprender a ler é usando um livro que combine leituras adaptadas à idade com gravuras e imagens, etc.
10. O aprendizado deve ser um jogo; as crianças devem ir à escola com alegria, e a visita dos pais à escola deve ser uma festa.

61 Recordemos que na opinião de Freinet o livro-texto único é um erro para o aprendizado na escola. Ele será um dos pioneiros em criticar o livro-texto como manual único. Sua publicação com o título *Basta de manuales escolares* foi uma verdadeira revolução em sua época (1928). Em contraposição ao livro didático, Freinet elabora o fichário escolar, o fichário autocorretivo, o livro da vida, o jornal escolar, o cálculo vivo, etc. Para ele, as experiências vitais das crianças são a ferramenta-base do aprendizado, mais que os manuais escolares.

62 O relatório das Nações Unidas (2006): *www.cedocsavethechildren.org.ni/documentos/textos/Informe_América_Latina.pdf* indica que somente 42% das crianças em idade escolar na América Latina e no Caribe estão protegidas contra os castigos físicos na escola, ao passo que 58% estão totalmente desprotegidas dessa forma de violência exercida pelos professores, diretores e funcionários da estrutura escolar.

O estudo *"Acabar com a violencia legalizada contra as crianças. Iniciativa global para acabar com todo castigo corporal contra crianças"*, realizado pelo programa Save the Children Suécia-Programa Regional para América Latina e Caribe, estabelece um diagnóstico sobre a situação da legislação dos países da região sobre a proibição explícita do castigo físico na escola e em outros ambientes.

Segundo a pesquisa mencionada, somente cinco países latino-americanos têm leis que proíbem expressamente o castigo corporal ou físico na escola: República Dominicana, Equador, Honduras, Venezuela e Haiti.

Os avanços mais rápidos a fim de erradicar a violência física têm sido feitos na Europa. A Suécia é o país que ergueu a bandeira desta luta, onde esta prática foi proibida de maneira explícita em 1979. À Suécia, se seguiu a Finlândia em 1983, e a Noruega em 1987. Os países mais recentes foram a Grécia, em 2006, e a Holanda, em 2007. Ainda hoje o castigo físico não é totalmente proibido em 17 Estados-membros da União Europeia.

63 Recordemos que em 20 de novembro de 1959 a declaração dos Direitos da Criança foi aprovada pela Assembleia Geral das Nações Unidas, e no seu artigo 7 se lê: "A criança tem direito a receber educação gratuita e obrigatória pelo menos nas etapas elementares. A ela será dada uma educação que favoreça sua cultura geral e permita, em condições de igualdade de oportunidades, desenvolver suas aptidões e seus juízos individuais, seu sentido de responsabilidade moral e social, e se tornar um membro útil para a sociedade. O interesse superior na criança deve ser o princípio diretor de quem tem a responsabilidade de sua educação e orientação; tal responsabilidade é incumbida, em primeiro lugar, aos seus pais. A criança deve desfrutar plenamente de jogos e recreações, os quais deverão estar orientados para os fins perseguidos pela educação; a sociedade e as autoridades públicas se esforçarão para promover o desfrute deste direito".

64 Em 1975, Fernand Oury, proveniente do movimento Freinet e dissidente posterior por suas tendências não diretivas, autogeridas, freudiandas e lacanianas, publicou *Crónica de la escuela-cuartel*.

65 Quatro anos depois da publicação das invariantes, Lefebvre publicará seu livro, *El derecho a la ciudad*, onde dirá: "o direito à cidade se manifesta como forma superior de todos os direitos: O direito à liberdade, à individualidade na socialização, ao habitat e ao habitar. O direito à obra (a atividade participante) e o direito à apropriação (muito diferente do direito à propriedade)".

66 Para se aprofundar no tema, veja Apple e Beane (1997) e Cantarero *et al.* (2002). Veja também a página da internet *www.proyectoatlantida.com*

TERCEIRA PARTE

O que já foi dito sobre as invariantes de Célestin Freinet?

3 Nos diários, revistas e *sites* na internet*

"El libro de la semana:
Las invariantes pedagógicas"

Jornal: El día, México, 2 de setembro de 1978. Número 80.[1]
Seção: Educação e Magistério.
Página 24. El libro de la semana

Título: *Las invariantes pedagógicas*
Autor: Célestin Freinet
Editora: Editorial Laia, Barcelona, Espanha, 1972
Páginas: 78

Texto do diário:

Célestin Freinet é um dos clássicos da pedagogia do século XX. Sua obra tem importância pelo que significa, como uma atitude que combate a escolástica, ou seja, vai contra a tradição autoritária, livresca e de memorização da escola.

Este livro, que tem como título Las invariantes pedagógicas, *ainda que se apresente como um "Guia Prático da Escola Moderna", o consideramos, no entanto, como uma síntese teórica de um conjunto de princípios que o educador francês sistematizou ao longo de sua experiência. A palavra invariante é vista por ele pre-*

continua

---

* N. de R.: Todos os textos deste capítulo foram traduzidos a partir dos trechos reproduzidos na edição original desta obra, publicada em espanhol.

cisamente como sinônimo de "permanente", o que não muda, o que acontece independentemente da vontade. Assim, uma invariante pode ser considerada uma espécie de código pedagógico de grande valor para uma atividade consciente.

São 30 as tais "invariantes", e elas são agrupadas em três seções. A primeira se refere à natureza da criança, por exemplo: "Ser maior não significa necessariamente estar por cima dos demais"; a segunda seção trata das reações da criança, como: "Ninguém gosta de receber ordens autoritárias; a criança não é diferente do adulto nisso", e a terceira se refere às técnicas educativas, por exemplo: "A aquisição do conhecimento não é feita, como às vezes se acredita, mediante o estudo de regras e leis, mas por meio da experiência". Estudar primeiramente estas regras e leis, na linguagem, na arte, na matemática e nas ciências, é colocar a carroça na frente dos bois. Um livro muito interessante para os educadores.

"La pedagogía Freinet en la Educación Infantil", de Maria Trinidad Crespo Álvarez em *Cuadernos de Educación, 1*
Texto completo em: *www.redescepalcala.org/inspector/DOCUMENTOS%20Y%20 LIBROS/AUTORES/FREINET-EI.pdf.* [Consulta: fevereiro de 2010]

Célestin Freinet cria toda uma doutrina educativa tomando como ponto de partida suas importantes invariantes pedagógicas. Estas, que totalizam 30 – na realidade são 32, porque a número 10 é tripla – são organizadas em três grupos: as três primeiras se referem à natureza das reações da criança; da quarta até a décima, inclusive, analisam-se as reações da criança. Finalmente, as invariantes que compreendem da décima primeira à trigésima são dedicadas às técnicas educativas.

No primeiro grupo Freinet estabelece que a criança é da mesma natureza que o adulto e descreve como seu comportamento escolar depende de seu estado fisiológico, orgânico e constitucional. As invariantes do segundo grupo, ordenadas maravilhosamente de forma que cada uma derive das precedentes e condicione as posteriores, refutam tanto o autoritarismo como a pretensão de alinhar o aluno; paralelamente, elas defendem seu direito a escolher um trabalho motivador, fugindo de rotinas e fracassos inibidores. No terceiro grupo, são estabelecidas as condições básicas para o desenvolvimento das técnicas educativas. Freinet subordina a memória e a inteligência (especialmente a do tipo abstrato, tão cultivada no meio escolar) à experiência e ao tateamento experimental (não a observação, explicação e demonstração tradicionais na escola), já que considera este último a via natural para a aquisição do conhecimento.

continua

Ainda reconhecendo o valor da ordem e disciplina, Freinet refuta o controle e a sanção (inclusive o castigo) porque eles ofendem a dignidade, e a educação somente é possível por meio da dignidade. Ele também refuta as notas e as classificações, defende o trabalho individual e aquele realizado em grupo, os quais considera superiores ao "gregário", realizado em complexos escolares monstruosos.

O livro considera que a democracia na escola prepara cidadãos democratas para o dia de amanhã e conclui sua doutrina com a esperança otimista na vida, para justificar todos os tateamentos e a ação educativa.

Derivando da teoria definida nas invariantes pedagógicas, e já se orientando para o âmbito da prática, o livro idealiza uma metodologia e certas técnicas.

O autor destaca vários aspectos importantes na prática metodológica:
- *A organização da sala de aula: as oficinas.*
- *A vida em comunidade.*
- *A organização do tempo.*
- *A parte da ajuda: o papel do professor.*

As principais técnicas propostas por Freinet são:
- *O texto livre.*
- *A correspondência interescolar.*
- *A imprensa escolar.*

"Participación del alumnado y negociación del currículo", de Abel Roberto Flórez, do Movimiento Cooperativo de Escuela Popular de León
Texto completo em: *www.mcep.es/recursos/participacionynegociaciondelcurriculum.html.* [Consulta: fevereiro de 2010]

Entre as muitas obras escritas por este pensador-ativista da pedagogia, encontra-se um livro, pequeno em tamanho, mas grande em princípios pedagógicos, que vai além dos meros conselhos técnicos e estabelece uma nova gama de valores escolares.

Trata-se das "invariantes pedagógicas", onde ele lista 30 itens que devemos atender em nossa prática como educadores.

Vamos nos fixar na invariante número oito:

"Ninguém gosta de trabalhar sem um objetivo, de agir como um robô; ou seja, atuar e estar preso a pensamentos inscritos em rotinas nas quais não participa".

A todos nós parece inquestionável que é importantíssimo realizar um relatório detalhado de nossos alunos no qual devemos assinalar aqueles aspectos que consideramos importantes na hora de refletir sobre sua evolução psicológica,

continua

pedagógica e social, e passaríamos horas comentando este ou aquele aspecto que se destaca.

Pense então por um momento nesta última semana que você passou em sua escola, colégio ou instituto.

Registros acumulativos, livros de escolarização, boletins de avaliação, papéis, etc.

Algo que nos parece importante se converteu imediatamente no maior tédio, os cobrimos, sem trapacear, mas sem o menor entusiasmo. Trata-se de algo imposto no qual se preenchem alguns quadradinhos nos quais a duras penas você pode realmente refletir o que quer dizer.

Algo parecido ocorre com nossos alunos.

Eles podem passar horas e horas falando dos Pokemons, trocando suas figurinhas ou comparando suas habilidades e poderes, falando sobre a forma de suas evoluções, etc.

Mas os obrigue a fazer um trabalho sobre os Pokemons, escrever uma descrição minuciosa do personagem, valorizar a atitude que cada um tem.

De repente, aquela eloquência que explodia de alegria em sua conversa se torna balbucio, aquele brilho de seus olhos ao se imaginar sendo Raikou se transforma em angústia pela necessidade de agradar o professor.

No entanto, mantenha a tensão do princípio, permita-lhes falar e mostrar que tem interesse por Jirachi ser evolução ou se Wailmer é de água ou fogo.

Pouco a pouco irá surgindo a necessidade de expressar tudo aquilo de alguma maneira, de querer contar aos outros o que sabem, desejarão escrever sobre isso, desenhar, modelar, fazer cartazes [...].

[...] Voltemos por um momento mais uma vez às invariantes pedagógicas de Freinet. A invariante n° 27 diz: "A democracia de amanhã se prepara por meio da democracia na escola. Um regime autoritário na escola não seria capaz de formar cidadãos democratas".

Porém, a reflexão sobre a democracia deve ir além da mera possibilidade de ir votar a cada determinado número de anos ou de poder dizer no bar que isto não está bem.

A sociedade autenticamente democrática é aquela na qual nenhum de seus membros pode sofrer opressão por parte de outro.

Imaginemos um homem que pertence a um sindicato ou simpatiza com ideias progressistas, é extremamente lutador em suas reivindicações trabalhistas, mas quando chega em sua casa, com frequência, continua se julgando o senhor de tudo e de todos, sem oposição a suas ordens e com uma mulher que se mantém submetida como tal e o tempo todo.

Este modelo de falsa democracia ateniense, na qual somente os livres têm todos os direitos, não pode nos levar a uma democracia mais justa e solidária.

continua

A igualdade deve ser universal, com uma participação ativa de todos os agentes na tomada de decisões que surjam e que afetem o desenvolvimento da vida.

Desta maneira, o que se busca é que nossos alunos assumam suas próprias decisões e responsabilidades, e desta forma possam crescer como pessoas.

Contudo, para chegar a uma negociação autêntica é preciso se colocar no mesmo nível de comunicação, romper as barreiras hierárquicas e poder escutar e dialogar.

Mas tudo isto exige tempo. Trata-se de um trabalho difícil, tanto para o professor como para os alunos.

Isto também é um aprendizado, e como tal irão surgindo ao longo dele suas dificuldades e seus avanços, e nesse caminho ninguém poderá ir nos marcando seu processo [...].

[...] Voltemos de novo a Freinet e suas invariantes pedagógicas; neste caso, e ainda que seja já no final, citemos a primeira invariante de todas:

"A criança tem a mesma natureza que o adulto".

Nutre-se, sente, sofre, busca e se defende exatamente como nós.

Este paralelismo entre adulto e criança é o que temos tentado marcar ao longo de toda essa exposição, ver como os mesmos princípios que podem valer aos adultos são válidos para a infância ou adolescência.

A diferença não é de natureza, mas de grau.

Como vimos, se realmente queremos transformar a escola não basta aplicar uma série de técnicas, pois todas elas nada valeriam sem uma proposta globalizante que veja a escola, o colégio, o instituto e a universidade, não como meros transmissores de conhecimentos, mas como campos de formação nos quais cada um possa desenvolver ao máximo suas possibilidades pessoais e que busquem o desenvolvimento pleno do indivíduo, sabendo participar de uma sociedade justa e cooperativa.

"De bibliotecas de aula a producción de textos", de María Eliana Jirón
Texto completo em: *www.geocities.com/crachilecl/bibaula.pdf.* [Consulta: 24 de fevereiro de 2010]

Célestin Freinet fundamenta sua proposta com uma base científica que é a "psicologia infantil"; é por isso que ele agrupa as invariantes pedagógicas em três blocos fundamentais e importantes de mencionar a fim de fundamentar esta proposta de bibliotecas de aula.

1.1. **Blocos fundamentais de Freinet**

Freinet não deixou nada fora de controle ao propor estas técnicas, incorporando também a psicologia infantil à metodologia pedagógica, isto com o objeti-

continua

vo de lhe conferir uma base científica do ponto de vista do conhecimento da criança com a qual se trabalharia. Esta base científica fundamenta com sucesso sua proposta por meio do conhecimento teórico e prático da criança. Sua proposta psicológica se desdobra em três grandes blocos fundamentais, para os quais os convidamos a conhecer:

1.1.1. A natureza da criança

A natureza tem relação com as condições socioculturais da criança, ou seja, sua "construção de sentido" a partir da experiência pessoal. Assim, "o comportamento escolar de uma criança depende de seu estado fisiológico, orgânico e constitucional" (invariante nº 3).

Como vimos, este bloco busca manifestar a preocupação pedagógica da natureza per se do aluno, com ritmos diferentes dos do adulto no aprendizado e um físico que o diferencia dos outros. Freinet afirma que não se pode motivar uma criança, por melhores que sejam as metas propostas pelo projeto educativo, se ele não foi elaborado considerando as necessidades elementares de sua plenitude física e biológica.

1.1.2. As reações da criança

Estas reações dependem dos estímulos que o adulto lhes oferecer, mas pensando em suas necessidades e interesses, onde a criança possa escolher seu trabalho lhe fornecendo a autonomia adequada. Segundo Freinet, a disciplina deve ser aceita, razoável e compreendida pelos alunos. Um sistema de organização no qual se suprimam as normas externas supérfluas e se promova um clima de trabalho e cooperação que possibilite que a liberdade, a criatividade e o respeito mútuo otimize a motivação autêntica da criança.

Como afirmou Freinet: "Que cada aluno possa chegar a se sentir satisfeito com o que fizer, se fizer tudo o que puder". "Ninguém gosta de trabalhar sem um objetivo, de agir como um robô; ou seja, atuar e estar preso a pensamentos inscritos em rotinas nas quais não participa" (invariante nº 8). "É preciso que motivemos o trabalho" (invariante nº 9).

1.1.3. As técnicas educativas

Freinet desenvolveu técnicas que levou à prática educativa e que se baseiam na experiência educativa que se desenvolve por meio de uma inteligência teórica. Essa inteligência é capaz de chegar às mais profundas considerações especulativas, uma inteligência prática, capaz de enfrentar com segurança os problemas de cada dia e uma inteligência técnica, capaz de registrar as duas primeiras formas em harmonia. Cabe destacar que as invariantes deste bloco se fundamentam no valor da experiência e sua harmonia com o meio seguindo a pedago-

continua

gia de John Dewey, o qual propunha que a capacidade experiencial se configura como um recurso de valor inestimável. Todas as faculdades intelectuais da criança devem ser exercitadas sem a preponderância de uma sobre a outra; desta forma se pode alcançar uma capacidade verdadeira de pensar e raciocinar sobre as possibilidades que se concretizam em uma inteligência teórica, capaz de chegar às mais profundas considerações especulativas; uma inteligência prática, capaz de enfrentar com segurança os problemas de cada dia, e uma inteligência técnica, capaz de registrar em uma síntese harmoniosa as duas formas anteriores.

"Docente democrático en pedagogos del siglo XX" de Diego Muñoz, em *Sapiens*: Revista Universitaria de Investigación, dezembro de 2006, vol. 7, nº 2, p. 191–213
Célestin Freinet e uma escola que prepara para a democracia com técnicas educativas comprometidas com a formação moral e cívica das crianças.

Célestin Freinet participa do movimento da Escola Nova, também no início do século XX, em contato com os movimentos trabalhistas e socialistas europeus do período que compreende as guerras. Ele desenvolve uma visão societária, sob a perspectiva marxista da história, que o leva a se comprometer com uma educação popular e moderna em oposição ao capitalismo. Consequentemente, Freinet considera que a sociedade deve propiciar, com base na luta de classes, a transformação das estruturas e dos processos que alienam e enganam os homens. Aceitar o desafio de mudança implica para Freinet entrar na dialética de uma sociedade que quer ser igualitária e, com esse fim, deve lutar contra tudo aquilo que alimenta a divisão social, a injustiça, a submissão, o autoritarismo e a desigualdade inerentes ao capitalismo. Para Freinet, a escola deve ser um espaço social democrático alternativo de formação para uma nova sociedade.

Com efeito, perante o divórcio entre a escola e a sociedade evidenciado em sua época, Freinet tratou de alcançar um método de trabalho para os docentes em sala de aula que converteria sua tarefa cansativa e inútil em um circuito natural onde a vida e o trabalho se uniriam para que o pensamento e a ação encontrassem sua estrutura cultural adequada à realidade da criança, ao seu ambiente e às confusões próprias da idade. Com este objetivo, Freinet incorporou a imprensa ao trabalho de sala de aula, mas não imprimindo textos de adultos, e sim textos livres elaborados pelos próprios alunos, partindo de suas experiências e preocupações. Ele se deu conta de que a produção de textos livres fazia com que as crianças pensassem e se expressassem, permitindo seu desenvolvimento mental e afetivo em prol da dignificação de sua vida, da construção experimental de sua personalidade e das opções de futuro. Esta experiência abriu seu caminho

continua

para o desenvolvimento de um método original baseado no uso da imprensa como meio de expressão livre e de produção que lhe permitiu encontrar uma solução prática para a democratização do ensino e as necessidades de rendimento escolar em contextos economicamente desfavoráveis.

Para Freinet, o sentido e a dimensão atribuídos à pedagogia não eram mais do que colocar em prática um modelo que considerava a relação entre a escola e a sociedade como análogas em relação às mudanças hierárquicas e de conteúdos; neste sentido, a escola era percebida como uma sociedade em miniatura e a infância, como uma parte da humanidade cuja diferença somente se encontrava no plano quantitativo e não no qualitativo, de maneira que era possível criar novas estruturas e novos discursos para construir uma sociedade diferente.

Em conjunto, as propostas de Freinet representavam um corpo coerente de reflexão e de ação compartilhadas que se traduzia por meio de suas estratégias; o docente era chamado a oferecer um meio escolar o mais analogicamente próximo da realidade, estabelecendo uma reflexão sincrônica com o mundo psicobiológico e uma reflexão diacrônica com as experiências e os significados do mundo antropológico da criança, em sintonia com a história. O mundo era acessível à criança, e suas necessidades eram levadas em conta a tal ponto que se convertiam no texto de sua vida escolar. As reuniões da cooperativa escolar, nas quais os estudantes e o docente participavam em igual condição (posto que todos desfrutavam do direito ao voto), eram momentos importantes para que a palavra de todos, e em especial a do docente, encontrasse seu apoio, graças à disposição de todos para discutir os aspectos cotidianos da vida escolar. O papel do adulto era dignificado junto ao da criança. Porém, o docente era chamado para organizar um ambiente tal que a criança sempre fosse a protagonista principal em um contexto de liberdade e confiança.

Com este objetivo, Freinet propõe técnicas e não métodos de trabalho pedagógico; quando fala de técnicas, ele se refere a um conjunto de estratégias amplamente experimentadas suscetíveis de facilitar o trabalho dos docentes, em um clima de ajuda mútua e colaboração democráticas. O contrário seria falar de método; para Freinet, método se trata de "...um conjunto feito completamente por seu iniciador, que deve ser levado em conta tal como é, e no qual somente o autor tem autoridade para modificar os dados. O método Montessori é um protótipo disso...". A finalidade das técnicas é a prolongação da vida da criança na escola, por meio de estratégias fundamentadas em um longo processo de experimentação, e que chegam a transformar o clima das aulas de tal forma que garantam o sucesso da atividade.

As técnicas Freinet lidavam com dois eixos transversais muito importantes: o valor do trabalho e a questão da disciplina. Com respeito ao valor do trabalho, Freinet o considerava uma invariante pedagógica importante, porque é o traba-

continua

lho que permite à criança o desenvolvimento de seu poder sobre o meio que a rodeia. Uma escola será plenamente democrática se representar a verdade da sociedade e da história, entendendo desta maneira que ela deve proporcionar a vivência da trilogia homem-meio-técnicas que permita caminhar para uma sociedade sem classes – com base na opção socialista – livre de qualquer alienação e opressão. E isso será fruto de uma pedagogia sustentada na capacidade de trabalho da criança.

Consequentemente, para Freinet o trabalho resolve os principais problemas derivados da disciplina sem ter de apelar a nenhum tipo de punição. Ele é partidário de "...uma disciplina escolar e da autoridade do professor, sem os quais não poderia haver instrução nem educação, mas entende que a disciplina não pode ser concebida como a submissão passiva de uma criança a uma ordem superior (invariante pedagógica nº 5), mas uma disciplina entendida como consequência do trabalho individual e coletivo".

NOTA

1 Agradeço à Graciela Cordero da Universidade Autônoma da Baixa Califórnia (México) pela localização do artigo.

QUARTA PARTE

Célestin Freinet e sua pedagogia quase 100 anos depois

4 Atualidade da pedagogia Freinet

No âmbito educativo, o século XX foi marcado pelas pedagogias de autores[1]. A escola recebida do século XIX, herdeira mimética de séculos anteriores, era tão rígida, uniforme-uniformizadora e socialmente medíocre que, mesmo que sempre houvessem contestadores à sua forma de educar (em vez de instruir), a aceitação passiva deste tipo de escola por parte da sociedade[2] tornava impossível a extensão das ideias de mudança e o surgimento de uma nova escola (exceto honrosas exceções). No século XX, essa escola velha, a qual se denomina escola tradicional (Freinet prefere usar o termo escolástica), no sentido de antiga, autoritária, obsoleta, anacrônica e fiel herdeira das práticas escolásticas, passa a ser atacada continuamente, e a sociedade (e os professores) começam a ser receptivos às críticas.[3]

Assim, com as críticas a essa denominada escola tradicional, aparecem numerosos pedagogos, professores, psicólogos ou biólogos, entre outros, que publicam, experimentam e constroem alternativas escolares. Muitos passaram à história da educação (ou seja, aos livros que a recordam): Freinet, Montessori, Decroly, Ferrer y Guardia[4], Neill[5], Makarenko, Blonskij[6], Piaget, Froebel[7] ou Pestalozzi, e herdamos os livros de muitos deles, sem reeditar ou publicar. Todos, sob posturas ideológicas similares ou diferentes, provocaram, teórica e praticamente, uma gama de alternativas educativas.

Foram muitos os que, durante o século XX, lutaram para mudar a escola. Muitos deles são anônimos ou pouco reconhecidos, ainda que o trabalho de todos tenha contribuído para a escola atual. Não é possível falar da escola atual sem olhar para a escola e os pedagogos que a tornaram possível durante o século XX. A escola do século XXI é produto das lutas sociais e educativas do século XX, e ainda hoje muito resta por fazer.

O COMPROMISSO SOCIAL E EDUCATIVO DE FREINET

Entre estas pedagogias de autor se destaca a de Célestin Freinet, professor de escola francês. Também se destaca o fato de ele ser *professor de escola*, já que, entre todos os personagens conhecidos que propunham alternativas para a escola, ele é um dos poucos professores de escola que se destaca. A maioria dos renovadores era de médicos, biólogos, psicólogos e uma diversidade de profissões vinculadas à educação. Isso não significa que não houvessem muitos professores trabalhando para uma nova escola; ao contrário, os que realizavam as mudanças nas escolas eram precisamente os professores. Não obstante, o fato de ser professor de escola outorga a Freinet uma característica especial e o honra, já que estamos falando de uma época na qual ser professor de escola, mais que um ofício, era uma carga que uma pessoa arrastava como um fardo. Freinet também participou nessa luta constante para prestigiar o ofício de educar.

Freinet foi um homem comprometido com seu tempo. A leitura, as viagens, e as duas guerras mundiais o conscientizaram política e socialmente. Mesmo que a leitura de seus textos mais emblemáticos e de suas invariantes possa hoje nos parecer pouco revolucionária, em sua época foi muito. Ele também ajudou a conscientizar muitos professores em uma época em que a formação do professor deixava muito a desejar. Sua militância no Partido Comunista, sua luta com os *partisans* contra o nazismo, a fundação de cooperativas de agricultores e professores, sua participação ativa e suas iniciativas nos povoados onde trabalhou como professor, entre outras atividades, avalizam esse compromisso de homem lutador pelas liberdades sociais e políticas e pela educação livre da infância.[8]

Freinet foi um empreendedor e, como todo empreendedor, teve seus altos e baixos com seus contemporâneos (recordemos que foi expulso do Partido Comunista). Porém, além de sua personalidade forte e do seu grande protagonismo em tudo o que organizava (as duas características compartilhadas com sua mulher Élise)[9], ninguém pode dizer que não praticasse suas propostas. Freinet se manteve na trincheira da educação até a sua morte.

FREINET, PROFESSOR DE ESCOLA

Freinet é lembrado, sobretudo, por sua inovação na sala de aula, por suas conhecidas técnicas Freinet, como ele queria que se chamassem para que não fossem catalogadas de método fixo. A maioria delas foi adotada na vida das salas de aula e em suas atividades diárias em muitos países. Professores e professoras empregam as técnicas com absoluta normalidade, ao passo que, para Freinet e os professores da Cooperativa de la Enseñanza Laica, sua prática lhes custou muitos desprazeres e uma vez que outra a expulsão ou expediente. Fazer diários, textos ou desenhos livres, assembleias, comunicar-se com outras escolas por correspondência escolar, utilizar o método global de leitura e escrita, empregar material de autocorreção, sair da escola para desfrutar ou estudar a natureza ou a vida social, ter uma biblioteca na sala de aula, utilizar um plano de trabalho, pesquisar o ambiente, etc., são práticas já habituais na cultura do ensino, fazem parte do patrimônio da profissão em todo o mundo. Tudo isso está patente na diversidade de textos reeditados sobre sua pedagogia ou que falam dela. A escola não seria a mesma sem as contribuições de Freinet.

Contudo, não nos recordamos de Freinet apenas por suas técnicas, mas também por seu novo enfoque na forma de ver a educação e a infância e por seu trabalho a favor da união do magistério. Quanto às suas ideias sobre a educação, Freinet, com seus textos repletos de metáforas,[10] rompe com a ideia de ver a criança como um ser inútil e inferior e que deve ser doutrinado, um ser selvagem que precisa ser submetido e completado, uma tabula rasa que deve ser ocupada (uma das famosas frases de Freinet era: "Prefiro cabeças bem feitas que bem cheias"). Freinet foi um dos primeiros a afirmar que a educação deve partir do contexto e da criança e que a escola foi criada, não para o professor, mas para o aluno. Trata-se de construir uma escola adequada aos alunos, e não o inverso.

Quanto ao segundo, a criação de cooperativas de professores, de instituições de estudo sobre a escola, a edição de livros e revistas, a produção de materiais, etc., foi uma tarefa importante para Freinet e ainda perdura na quantidade de movimentos de renovação pedagógica e cooperativas de professores que, em quase todos os países, continuam agrupados para inovar e se ajudar no trabalho escolar. A cooperativa de professores e a escola são uma contribuição freinetiana para uma nova forma de ver a realidade social e uma luta contra o individualismo exagerado da escola tradicional.

Por tudo isso e tantas outras coisas que não registramos aqui, Célestin Freinet merece ser recordado e homenageado como um dos professores mais importantes do século XX. O pior que pode nos acontecer na educação, nessa etapa de pós-modernidade galopante, é o esquecimento daqueles que lutaram para mudar as coisas. Um erro imperdoável seria que as novas gerações de professores considerassem que a escola que temos hoje, e na qual trabalham há pouco tempo, sempre foi mais ou menos assim. Deve-se recuperar a crítica da escola "tradicional", a escola das "letras que entram goela abaixo", a escola quartel, a escola autoritária e segregadora, aquela escola à qual Lerena se referia:

> [...] seleção segundo as aptidões, a da educação concebida como cultivo; em suma, a hipótese da diferenciação apriorística e natural entre as aptidões dos indivíduos, e isso não em termos de diferenças inocentes, mas de desigualdades condenáveis e merecedoras de uma hierarquização justa. (1983, p. 186)

A recordação nos ajuda a manter a memória histórica e evita certas regressões interessadas em épocas passadas. Para isso, é necessário analisar e potencializar experiências atuais de técnicas Freinet e reler seus livros, que são um alicerce para continuar lutando a fim de renovar e melhorar a educação.

Freinet, como tantos outros de sua época, foi um pioneiro. Agora que temos mais facilidades para a inovação temos de continuar seu caminho. Façamos como ele, construamos uma escola diferente cada dia e usemos nossa imaginação nas estruturas didáticas e organizativas da escola.

Concordamos com Aldo Pettini quando, em 1979, como fundador do Movimento de Cooperação Educativa italiano, seguidor das técnicas Freinet, dizia:

> Recordar Freinet não pode ser uma comemoração, um discurso sobre o passado; ao contrário, tem um significado ativo, que implica o presente. Estudar e aplicar o pensamento de Freinet significa estar em contínuo descobrimento, pois são muitos e muito ricos os estímulos que ele nos propõe. Mediante a organização cooperativa, ainda mais importante que as próprias técnicas, Freinet continua sendo um grande "educador de educadores" cuja voz reconfortante, cujo sorriso sereno e tranquilo continua nos ajudando a ir adiante, a desenvolver um patrimônio nunca acabado.

Gostaríamos de terminar com um texto de Louis Legrand (1991):

A filosofia profunda de Freinet é a que ele mesmo denominaria "técnicas de vida". De sua maneira, esta fórmula expressa a ideia fundamental de uma desconfiança com respeito a tudo o que é formal (escolástico, como ele mesmo dizia), o que é forçado e artificial, frente a uma confiança agradecida na natureza. Freinet se aproxima de Rousseau e também de uma sabedoria camponesa, resultado do contato permanente com a natureza, que crê na virtude do trabalho bem feito, se alimenta do calor humano das pequenas comunidades e ama acima de tudo a liberdade acompanhada de certo orgulho baseado na retidão, na abnegação e na serenidade. Também expressa seu amor pelas crianças e seu interesse pelo seu sucesso e felicidade. Para perceber adequadamente as raízes afetivas dessa filosofia, é preciso ter vivido alguns dias na escola de Vence, em seu contexto rural e árido, entre crianças que riem e vivem seminuas pisoteando na água limpa de uma piscina rústica, ou ter vivido, evidentemente não durante as férias, nas montanhas da Alta Provença. Ali se forjou seu caráter e sentido profundo da autenticidade e convivência, sem nenhuma relação com as escolas urbanas fechadas por quatro paredes, com pátios asfaltados onde as crianças brigam com raiva ao serem liberadas de sua imobilidade agitada. Freinet nos abre o caminho da razão e do coração no terreno da pedagogia.

NOTAS

1 Como podemos comprovar nos textos de Trilla (2001) e nos *Cuadernos de pedagogía* (2000).
2 A coerência escola-sociedade se dá nesses momentos difundindo seus próprios valores: disciplina, autoridade, exclusão dos fracos, castigo, etc.
3 As transformações sociais originadas nas revoluções do primeiro terço do século XX e as duas guerras mundiais precipitam e promovem uma certa mudança na tradição escolar.
4 Francesc Ferrer y Guardia (Alella, 1859 – Barcelona, 1909), pedagogo catalão que em 1901 criou a Escola Moderna de pedagogia libertadora. Escreveu a obra que leva o título *La escuela moderna,* na qual expôs seus princípios pedagógicos. Ele foi fusilado devido à acusação falsa de instigador da revolta da Semana Trágica de Barcelona.
5 Alexander Sutherland Neill (1883–1973), educador progressista escocês, artífice e fundador da escola libertária Summerhill, fundada em 1927.
6 Pavel Petrovic Blonskij (1884–1941) integra as teorias educativas da escola nova às ideias marxistas do trabalho produtivo combinado com a educação intelectual.

Sua teoria pedagógica consiste em extrair da criança esse homem autêntico e ideológico, devolvendo-lhe sua liberdade natural.

7   Friedrich Fröbel (1782–1852), pedagogo alemão autodidata e discípulo de Johann Heinrich Pestalozzi. Criou o jardim de infância, centrando sua atividade em incentivar o desenvolvimento natural dos pequenos mediante atividades e jogos.

8   Para se aprofundar sobre sua vida e obra, veja González Monteagudo(1988).

9   Somente é necessário ler Freinet (1975).

10 Veja a coleção da Biblioteca de la Escuela Moderna (BEM), editada pela já encer-rada Editorial Laia, de Barcelona, na década de 1970.

Referências

ANDERSON, L.W. (ed.) (1995): *International Encyclopaedia of Teaching and Teacher Education*. Cambridge. Pergamon.

APPLE, M.W.; BEANE, J.A. (1997): *Escuelas democráticas*. Madrid. Morata.

ARMSTRONG, Th. (1990): *Las inteligencias múltiples en el aula*. Buenos Aires. Manantial.

ARANZÁBAL, M. de (2004): "Cooperación internacional en salud infantil (Primera parte). Causas y determinantes de la salud en países en desarrollo". *Pediatría Atención Primaria*, vol. VI, núm. 22, pp. 277-290.

ECHEVERRÍA, J. (2002): *Ciencia y valores*. Barcelona. Ediciones Destino.

ERNEST, P. (1991): *The Philosophy of Mathematics Education*. Londres. Routledge Falmer.

FOUCAULT, M. (1975): *Vigilar y castigar: nacimiento de la prisión*. Madrid. Siglo XXI.

_____. (1986). *Un diálogo sobre el poder*. Madrid. Alianza.

FREIRE, P. (1967): *La educación como práctica de la libertad*. México. Siglo XXI Editores.

_____. (1993): *Pedagogía de la esperanza: un reencuentro con la pedagogía del oprimido*. México. Siglo XXI.

_____. (1997): *La educación en la ciudad*. México. Siglo XXI.

GARDNER, H. (1987): *La teoría de las inteligencias múltiples*. México. Fondo de Cultura Económica.

GERTRUDIX, S. (2004): "La enseñanza de las Matemáticas y el Cálculo vivo. (CEIP Carrassumada)". *Revista Épsilon*. Sevilla. Sociedad Andaluza de Educación Matemática THALES, vol. 1, núm. 58.

GONZÁLEZ, J. (1996): *Freinet: su contexto y su pensamiento*. Revista Kikirikí del Movimiento Cooperativo Escuela Popular Cooperación Educativa, núm. 40.

IMBERNÓN, F.; ZABALA, A. (1982): *Técnicas de impresión en la escuela*. Madrid. Nuestra Cultura.

IMBERNÓN, F. (1987): *Una alternativa pedagógica. Il movimento di cooperazione educativa*. Barcelona. Laia.

JIMÉNEZ, R. (1996): "Las técnicas de Freinet como desarrollo de una didáctica crítica". *Revista Kikirikí del Movimiento Cooperativo Escuela Popular. Cooperación Educativa*, núm. 40, marzo-mayo.

KOLB, D. (1984): *Experiential Learning*. London. Prentice-Hall.

LAPASSADE, G. (1999). *Grupos, Organizaciones e Instituciones. La Transformación de la Burocracia* (3.ª ed.). Madrid. Gedisa.

LEFEBVRE, H.(1968): *El derecho a la ciudad*. Barcelona. Península.

LE GAL, J. (2005): *Los derechos del niño en la escuela. Una educación para la ciudadanía*. Barcelona. Graó.

LEGRAND, L. (1993): "Célestin Freinet, un creador comprometido al servicio de la escuela popular". *Perspectivas: Revista Trimestral de Educación Comparada*. París. UNESCO. Oficina Internacional de Educación, vol. XXIII, núms. 1-2, p. 425-441. <www.educar.org/articulos/Freinet.asp>

LERENA, C. (1983): *Reprimir y liberar. Crítica sociológica de la educación y de la cultura contemporánea*. Madrid. Akal.

LORTIE, D. (1975): *Schoolteacher*. Chicago. University Chicago Press.

MAKARENKO, A.S. (1977): *Poema pedagógico*. Barcelona. Planeta.

MARTÍNEZ BONAFÉ, A. (coord.), y otros (2002): *Vivir la democracia en la escuela: herramientas para intervenir en el aula y en el centro*. Sevilla. MCEP. <www.proyectoatlantida.net>.

NARODOWSKI, M. (1999): *Después de Clase*. Buenos Aires. Ediciones Novedades Educativas.

OURY, F. (1975): *Crónica de la escuela-cuartel*. Barcelona. Fontanella.

PALOS RODRÍGUEZ, J. (2001): *Educación y cultura de la paz*. Organización de Estados Iberoamericanos [online]. <www.oei.es/valores2/palos1.htm>. [Consulta: fevereiro de 2010].

PAUL, E. (1991): *The philosophy of mathematics education*. Londres. Falmen Press.

PETTINI, A.I. (1979): "El pensamiento y la práctica de Célestin Freinet". *Cuadernos de Pedagogía*, 54.

PINHEIRO, P.S. (2006): *Acabar con la violencia contra los niños, niñas y adolescentes*. Informe de Naciones Unidas.

RAMÍREZ, F.O. (1993): "Reconstrucción de la infancia: Extensión de la condición de persona y ciudadano". *Revista Iberoamericana de Educación*, núm. 1, enero-abril.

SALA, C.; JOVER, Ll. (1981). *Técnicas de impresión en la escuela*. Barcelona. Reforma de la Escuela.

SÁNCHEZ HERNÁNDEZ, M.; LÓPEZ FERNÁNDEZ, M. (2005): *Pigmalión en la escuela*. México. Editorial Universidad Autonómica de la Ciudad de México.

SAVATER, F. (1997): *El valor de educar*. Barcelona. Ariel.

SCHMID, J.R. (1973): *El maestro-compañero y la pedagogía libertaria*. Barcelona. Fontanella (edição francesa de 1936).

SIMONS, P.R.-J. (1996): "Metacognitive Strategies: Teaching and Assessing", en: DE CORTE, E.; WEINERT, F.E. (eds.): *International encyclopedia of developmental and instructional psychology*. Oxford. Pergamon Press.

STUFFLEBEAM, D.L. (1995): *Evaluación sistemática: guía teórica y práctica*. Madrid. Paidós.

TRAVESET, M (2009): *La pedagogía sistémica. Fundamentos y práctica*. Barcelona. Graó.

VÁSQUEZ, A.; OURY, F. (1976): *Hacia una pedagogía del siglo XX*. México. Siglo XXI.

VIÑAO, A. (1990): *Innovación Pedagógica y Racionalidad científica*. Madrid. Akal.

WOOLFOLK, A. (1996): *Psicología educativa*. México. Prentice-Hall Hispanoamericana.

ZAPATA, Ó. (1989): *El aprendizaje por el juego en la escuela primaria*. México. Pax-México.

BIBLIOGRAFIA DE CÉLESTIN FREINET

Da enorme contribuição bibliográfica de Célestin Freinet, pela extensão e importância que seu pensamento e movimento assumiram, podemos destacar as seguintes obras:

Los métodos naturales: Tomo I (1968): *El Aprendizaje de la lengua: Tomo II* (1968): *El Aprendizaje del Dibujo: Tomo III* (1971): *El Aprendizaje de la Escritura*. Tradução ao castelhano por María Dolores Bordas (tomos I e II) e Nuria Vidal (tomo III). Editorial Fontanella-Editorial Estela (tomos I e II) e Editorial Fontanella-Editorial Laia (tomo III). Barcelona 1970 (tomos I e II) e 1972 (tomo III).

Técnicas Freinet de la Escuela Moderna (1964): Primeira edição em espanhol. Tradução de Julieta Campos. México. Siglo XXI Editores. 1969. Freinet explica o início e as dificuldades encontradas em sua experiência como pedagogo. Também aborda como, mediante as diversas técnicas expostas, a escola vai transformando a prática educativa.

La psicología sensitiva y la educación (1966): Tradução de V.D. Bourillons. Buenos Aires. Editorial Troquel. 1969.

Parábolas para una pedagogía popular. Los dichos de Mateo (1964): 54 artigos na revista *L'Educateur*. Tradução de Elisenda Guarro. Barcelona. Editorial Estela. 1970. (Segundo uma nota de Madeleine Freinet, na nova edição francesa a tradução do título original desse livro é: *Uma pedagogia moderna de sentido comum. Os ditos de Mateo*. Veja a nova tradução em Ediciones Morata.) A partir de Mateo, um velho filósofo do povo, Freinet descreve sua pedagogia, que parte da observação da natureza e do sentido comum mais arraigado. Ele descreve os princípios de onde surgiu o que chama de seu *credo pedagógico*.

Por una escuela del pueblo (1944), quarta edição. Tradução de José Cano Tembleque: Barcelona. Editorial Laia. 1975. (Segundo uma nota de Madeleine Freinet, a tradução do título original desse livro é: *A escola moderna francesa. Guia prático para a organização material, técnica y pedagógica da escola popular*. Veja a nova tradução em Ediciones Morata, citada posteriormente.) Uma das principais obras de Freinet, onde narra "a organização técnica e pedagógica da escola popular". Texto no qual o autor expõe seu pensamento sobre a nova estruturação da escola que havia proposto.

El equilibrio mental del niño (1978). Quarta edição. Traducción de José Cano Tembleque. Barcelona. Editorial Laia. 1987. (É uma seleção de textos realizada por Élise Freinet.)

La educación por el trabajo. Tradução de Margarita Michelena. México. Fondo de Cultura Económica. 1978. (Há uma edição de 1967).

Las invariantes pedagógicas (1972). Barcelona. Laia, Biblioteca de la Escuela Moderna (BEM), vol. 2. Texto sobre o qual refletimos neste livro e que pretende divulgar entre os professores os princípios de seus pensamentos sobre a educação.

La formación de la infancia y de la juventud (1963). Quinta edição. Tradução de Joan Sanit. Barcelona. Editorial Laia, Biblioteca de la Escuela Moderna (BEM), 1979, vol. 3.

La educación moral y cívica (1960). Segunda edição. Tradução de Nicolás Sartorios. Barcelona. Editorial Laia, Biblioteca de la Escuela Moderna (BEM). 1972, vol. 4.

Las enfermedades escolares (1964). Tradução de Elisenda Alsina. Barcelona. Editorial Laia, Biblioteca de la Escuela Moderna (BEM). 1972, vol. 5.

El texto libre (1960). Primeira edição. Tradução de Francesc Cusó. Adaptação de textos castelhanos de C. Miquel e F. Zurriaga. Barcelona. Editorial Laia, Biblioteca de la Escuela Moderna (BEM). 1973, vol. 8.

La enseñanza del cálculo (1962). Tradução de Pedro Darnell. Barcelona: Editorial Laia, Biblioteca de la Escuela Moderna (BEM). 1973, vol. 10.

La salud mental de los niños (1961). Tradução de Josep Colomé. Barcelona. Editorial Laia, Biblioteca de la Escuela Moderna (BEM). 1982, vol. 11.

La enseñanza de las ciencias (1977). Barcelona. Editorial Laia, Biblioteca de la Escuela Moderna (BEM). vol. 12.

Los planes de trabajo (1962). Tradução de Francesc Cusó. Barcelona. Editorial Laia, Biblioteca de la Escuela Moderna (BEM). 1974, vol. 13.

Consejos a los maestros jóvenes. Tradução de Josep Colomé. Barcelona. Editorial Laia, Biblioteca de la Escuela Moderna (BEM). 1974, vol. 16.

El diario escolar (1967). Tradução de Josep Colomé. Barcelona. Editorial Laia, Biblioteca de la Escuela Moderna (BEM), vol. 17.

Las técnicas audiovisuales. Barcelona. Editorial Laia, Biblioteca de la Escuela Moderna. (BEM). 1980, vol. 18.

El método natural de lectura (1961). Primeira edição. Tradução de Pere Núñez. Barcelona. Editorial Laia. Biblioteca de la Escuela Moderna (BEM). 1974, vol. 19.

La escuela moderna francesa (1946). *Una pedagogía moderna de sentido común.* *Los dichos de Mateo* (1946-1954). *Las invariantes pedagógicas* (1964). Edição em francês a cargo de Madeleine Freinet, filha única de Célestin e Élise. Prólogo de Herminio Barreiro. Tradução da Equipo Táramo. Madrid. Ediciones Morata. 1966.

Modernizar la escuela (1960). Tradução de Joan Sanit. Barcelona. Editorial Laia, Biblioteca de la Escuela Moderna (BEM). 1972, vol. 1.

La lectura en la escuela por medio de la imprenta (1961). Tradução de Francesc Beltrán. Barcelona. Editorial Laia, Biblioteca de la Escuela Moderna (BEM). 1976, vol. 14.

Élise Freinet (1898-1981), cujo nome de solteira era Élise Lagier-Bruno, escreveu os seguintes livros inspirada na obra de seu marido Célestin:

Nacimiento de una pedagogía popular. Historia de una escuela moderna (1969). Segunda edição castelhana: versão castelhana de Pere Vilanova. Barcelona. Editorial Laia. 1977.

La trayectoria de Célestin Freinet. La libre expresión en la pedagogia Freinet (1977). Primeira edição. Tradução de María Angélica Semilla. Barcelona. Editorial Gedisa. 1978.

La escuela Freinet. Los equipos pedagógicos como método. Primeira edição. Tradução de Helené Levesque. México. Editorial Trillas. 1994.

Dibujos y pinturas de niños. Barcelona. Editorial Laia, Biblioteca de la Escuela Moderna (BEM). 1978, vol. 6.

¿Cuál es el papel del maestro? ¿Cuál es el papel del niño? (1963). Tradução de Juan Samit. Barcelona. Editorial Laia, Biblioteca de la Escuela Moderna. 1978, vol. 7.

Georges Piaton publicou a lista completa das obras de Freinet no final de sua tese, intitulada: *La pensée pédagogique de Célestin Freinet.* Toulouse. Privat. 1974. Ele dedica a Freinet as 51 páginas nas quais reúne 1.700 títulos, a maioria artigos.

PEQUENA BIBLIOGRAFIA SOBRE CÉLESTIN FREINET E O MOVIMENTO FREINET

AA.VV. (1979): *La pedagogía Freinet por quienes la practican.* Barcelona. Laia.

ALCOBÉ, J. (1981): *Cómo hacer una BT.* Granada. Escuela Popular.

ALMENDROS, H. (1932): *La imprenta en la escuela.* Madrid. Revista de Pedagogía. Losada (2.ª ed.). Buenos Aires. 1952.

_____. (1985): *La Escuela Moderna. ¿Reacción o progreso?* La Habana. Ed. de Ciencias Sociales.

BLAT, E.; DOMÉNECH, C. (2004): *Herminio Almendros: l'inspector que renovà l'educació.* Barcelona. Publicacions de l'Abadia de Montserrat.

CLANCHE, P. (1978): *El texto libre. La escritura de los niños.* Madrid. Fundamentos.

COLOM, A.J.; SANTANDRE, M.A. (1992): "Aportaciones inéditas a la ruptura del movimiento Freinet". Madrid. *Educación y Sociedad*, núm. 10, pp. 35-63.

COSTA, R. (1974): *Patricio Redondo y la técnica Freinet.* México. Oasis.

CUADERNOS DE PEDAGOGÍA (2000): *Pedagogías del siglo XX.* Barcelona. Fontalba.

FREINET, É. (1975): *Nacimiento de una pedagogía popular.* Barcelona. Laia.

_____. (1978): *La trayectoria de Célestin Freinet*. Barcelona. Granica (Gedisa).

_____. (1981): *La escuela Freinet*. Barcelona. Laia.

_____. (1994): *Pedagogía Freinet. Los equipos pedagógicos como método*. México. Trillas.

GARCÍA, F. (1981): *Las técnicas Freinet en el centro de EGB*. Madrid. Anaya.

GIMÉNEZ MIER, F. (1996): *Freinet en España*. Revista Colaboración. Barcelona. EUB.

GONZÁLEZ, J. (1988): *La pedagogía de Célestin Freinet: Contexto, bases teóricas, influencia*. Madrid. CIDE. Ministerio de Educación y Ciencia.

ICEM (1980): *Perspectivas de la educación popular*. Granada. MCEP.

_____. (1981): *Perspectivas de la educación popular*. Barcelona. Fontanella.

JIMÉNEZ, F. (1985): *Freinet, una pedagogía de sentido común*. México. SEP/El Caballito.

_____. (1996): *Freinet en España*. La Revista Colaboración. Facsímil. Barcelona. Ediciones Universidad de Barcelona.

MCEP (1979): *La Escuela Moderna en España*. Madrid. Zero/zyx.

MONTEAGUDO, J.G. (1988): *La Pedagogía de Célestin Freinet. Contexto, Bases Teóricas, Influencia*. Madrid, España. Ministerio de Educación y Ciencia.

MOVIMIENTO MEXICANO PARA LA ESCUELA MODERNA (1996): *La pedagogía Freinet. Principio, propuestas y testimonios*. México.

PETTINI, A. (1977): *Célestin Freinet y sus técnicas*. Salamanca. Síqueme.

PEYRONIE, H. (2001): *Célestin Freinet: pedagogía y emancipación*. México: Siglo XXI editores.

PLATÓN, G. (1975): *El pensamiento pedagógico de Célestin Freinet*. Madrid. Marsiega.

TRILLA, J. (coord.) (2001): *El legado del siglo XX para la escuela del siglo XXI*. Barcelona. Graó.

VÁSQUEZ, A.; OURY, F. (1968): *Hacia una pedagogía del siglo XX*. México. Siglo XXI.

VILANOU, C.; MONSERRAT, J. (2003): *Mestres i exili*. Barcelona. Publicacions de la Universitat de Barcelona.

SITES RELACIONADOS NA INTERNET

Além das páginas da internet que apareceram neste livro, recomendamos:

www.educar.org/articulos/freinet.asp

http://didac.unizar.es/jlbernal/frein4.html

www.ibe.unesco.org/International/Publications/Thinkers/ThinkersPdf/freinets.pdf